Christa Baumann / Stephen Janetzko

Früchte, Früchte, Früchte - Basteln, Spielen und Experimentieren rund um Natur, Obst, Kräuter und Rohkost

Mit 30 einfachen Liedern, Rezepten, Geschichten und vielen Kreativideen

Christa Baumann / Stephen Janetzko

Früchte, Früchte, Früchte - Basteln, Spielen und Experimentieren rund um Natur, Obst, Kräuter und Rohkost

Mit 30 einfachen Liedern, Rezepten, Geschichten und vielen Kreativideen

Christa Baumann (Text) und Stephen Janetzko (Lieder)

Christa Baumann / Stephen Janetzko

www.kinderliederhits.de
Alle Lieder verlegt bei Edition SEEBÄR-Musik Stephen Janetzko, Erlangen.
Online-Shop im Internet unter **www.kinderlieder-shop.de**
Coverzeichnung: Ines Rarisch - Covergrafik & Notensatz: Stephen Janetzko
Grafische Vorbereitung und Idee: Christa Baumann und Stephen Janetzko
Innen-Illustrationen: Wolfgang Baumann

ISBN-13: 978-3-95722-512-2

Inhaltsverzeichnis

Vorwort

Sie lieben Früchte, Kräuter und Rohkost?
Sie möchten den Kindern die Natur näher bringen, die Zeit sinnvoll gestalten und zusammen Spaß haben?

Hier finden Sie Anregungen und Ideen für alle Sinne:

- 30 wunderschöne Lieder aus der Welt der Früchte, Kräuter und Rohkost
- Spiele in der Wohnung und im Freien
- Kreativideen rund um die Natur, um Obst, Kräuter und Tiere
- Geschichten, Rätsel und Gedichte
- Kräuterzeichnungen und ein Mandala zum Ausmalen
- Rezepte mit rohen Zutaten wie die „Roh-macht-froh!"-Geburtstagstorte
- selbst gemachte Geschenke für andere Kinder und Erwachsene
- Versuche
- Ideen, damit Kinder stark werden können

Mit Hand und Herz können die Kinder Spannendes rund um die Natur entdecken, erleben und erfahren.
Machen Sie mit, sehen Sie mit den Augen der Kinder und genießen Sie die gemeinsamen Erlebnisse!

Christa Baumann und Stephen Janetzko

Basteln mit Kindern

Wer mit Kindern basteln möchte, braucht unterschiedlichste Materialien. Manchmal fehlt oft nur eine Kleinigkeit: vielleicht ein festes Papierstück oder ein Rest Glitzerfolie. Dafür extra einkaufen zu gehen, wäre unsinnig und man ist froh, schnell auf dieses Material zurückgreifen zu können.
Deshalb lohnt es sich, zuhause eine kleine Sammlung anzulegen.

Schublade

Eine Schublade oder ein flacher Karton mit Deckel, der unter einem Bett Platz hat, eignen sich sehr gut für verschiedene Arten von Papier. Sie liegen darin glatt aufeinander und zerknittern nicht.

Bastelkorb

In einem Korb kann alles gesammelt werden, was aktuell gefunden wurde. Das können Naturmaterialien wie Schneckenhäuser, Rindenstücke, Nussschalen usw. sein. Oder Materialien aus dem Haushalt wie kleine Schachteln, Deckel, Bänder, Korken usw. Dieser Korb muss ab und zu mit den Kinder sortiert werden, da diese Materialien leicht zerdrückt werden und nicht mehr ansehnlich sind.

Grundausstattung

Mit der Zeit sammeln sich verschiedene Materialien an, die gezielt erweitert werden können.
Dazu gehören:

- verschiedene Stifte wie Bleistifte, Buntstifte, Wachskreide, Filzstifte
- Wasserfarben, Pinsel und Becher (eventuell mit speziellem Deckel, damit das Wasser nicht heraus läuft, wenn der Becher umfällt)
- gut deckende Flüssigfarben
- Malpapier, mindestens DIN A4
- Lineal
- Tonpapier in verschiedenen Farben
- Schere, auch verschiedene Zackenscheren
- Motivstanzer
- Wolle, Bast- und Garnreste

- Stoff- und Filzreste
- angerührter Tapetenkleister im geschlossenen Schraubglas (aufbewahrt im Kühlschrank. Einer der besten Kleber für Kinder: ideal für alle Klebereien mit Papier. Er lässt sich leicht von Flächen, z.B. von Fensterscheiben abwaschen)
- Klebestifte und Alleskleber
- eventuell Papierschneidemaschine (zum Beispiel zum Zuschneiden von Glückwunschkarten aus Tonpapier – nur Benutzung durch den Erwachsenen)
- eventuell Laminiergerät zum Haltbarmachen von selbst gemachten Spielen

Malkittel

Ganz wichtig ist für Kinder ein Malkittel. Damit fängt der Malspaß an – und die Kleidung wird geschützt.

Material:

- Herrenhemd
- Schere
- eventuell Nähnadel und –faden
- Einziehgummi
- Sicherheitsnadel

So geht's:
Die Ärmel vom Hemd so weit abschneiden, dass sie dem Kind noch bis fast zum Handgelenk reichen.
Wer sich viel Mühe machen kann, dreht das Hemd nach links und faltet den Stoff am Ende des Ärmels etwas nach innen. Dann noch einmal etwa 2 cm nach innen falten und bis auf ein kleines Stück von etwa 1,5 cm festnähen. Es ist ein kleiner Tunnel entstanden, durch den der Gummi gezogen werden kann.
Den Einziehgummi am Handgelenk des Kindes abmessen. Eine Sicherheitsnadel am Ende des Gummis einstecken und schließen. Durch den genähten Tunnel ziehen und Anfang und Ende des Gummis etwas übereinander nähen. Den Ärmel etwas ziehen und der Gummi rutscht nach innen. Den Malkittel wieder wenden.
Dieser Kittel wird nun verkehrt herum angezogen - die Knöpfe sind auf dem Rücken und die Vorderseite ist ganz bedeckt. Das bringt Kinder manchmal ein bisschen durcheinander, macht aber Spaß.

Das Früchte-ABC

Text: Brigitte Rondholz mit Stephen Janetzko; Musik: Stephen Janetzko; CD "Früchte, Früchte, Früchte"

Tempo: ca. 127

2. Die Dattel ist so honigsüß, vertreibt dir jedes Kümmernis.
Für Erdbeern brauchst du nicht viel Geld, im Juni pflück sie auf dem Feld.
Die Feigen brauchen Sonne pur, es gibt sie hier ganz selten nur.

3. Das Grapefrucht-G ist schnell gemerkt, doch manchem ist sie gar zu herb.
Das machen Himbeern wieder wett, so weich, so süß, ganz einfach nett.
Ist Ingwer eigentlich 'ne Frucht? Ich hab so lang beim I gesucht!

4. Johannisbeern sind gut fürs Blut, sie tun dem ganzen Körper gut.
Die Kiwi hab ich nun gewählt, probier sie auch mal ungeschält!
Zitronen gibt es auch in grün! Habt ihr Limonen schon gesehn?

5. Die Mandarin' hält sich bereit, zur Winter- und zur Weihnachtszeit.
Auch Nüsse ess ich dann so gern, vor allen Dingen Mandelkern!
Orangen gibt's sehr oft bei mir, ihr Saft schmeckt besser als ein Bier!

6. Als Kind, da hatt ich einen Traum: Ich hätt ein Haus im Pflaumenbaum.
In Quitten beiß ich nicht hinein, sind fast so hart wie Elfenbein.
Rosinen schmecken wunderbar, im Winter auch der Vogelschar.

7. Auch Sultaninen, sonnenklar, sind besser doch als Kaviar.
Die Trauben gibt's in grün und blau, sind schöner als die schönste Frau.
Mit U, da fällt mir gar nichts ein, drum lass ich U auch lieber sein!

8. Beinah so schön wie Frühlingsluft ist die Vanille und ihr Duft.
Mit vielen Kernen, groß und rund: Wassermelonen sind gesund.
X, Y lass ich jetzt aus, die sind für mich ein kalter Graus!
Zitronen kommen gelb zum Schluss, weil jedes Lied mal enden muss.

Schlussrefrain: Kennt ihr das Früchte-Alphabet? Jetzt wisst ihr alle, wie es geht!
Ha juchhe, ha juchhe, ihr wisst jetzt alle, wie es geht
Ha juchhe, ha juchhe, ganz einfach, wie ihr seht!

Rassel mit Melonenkernen

Singen macht allen noch viel mehr Freude, wenn sie das Lied mit einem Instrument begleiten können! Eine selbst gemachte Rassel klappert, ist aber nicht störend laut.

Material:

- Rollen von Küchenkrepp
- Malpapier
- Bleistift
- Schere
- Alleskleber
- breites Kreppband
- getrocknete Melonenkerne
- flüssige Farbe
- Pinsel
- Klarlack

So geht's:
Die Rolle auf das Papier stellen. Mit dem Bleistift umrunden und etwas größer ausschneiden. Zwei Kreise herstellen.
Einen davon auf eine Öffnung der Rolle legen, den überstehenden Rand umklappen und mit Alleskleber an der Rolle befestigen. Ein breites Kreppband rundum darüber kleben.
Eine Handvoll getrocknete Melonenkerne hinein füllen. Die Rolle verschließen.
Jetzt kann die Rassel mit flüssiger Farbe bemalt und anschließend getrocknet werden.
Eventuell mit Klarlack haltbarer machen.

Feigen mit Mandelmus

Zutaten:

- 1 Feige
- Wasser
- 1 Esslöffel Mandelmus
- Gänseblümchenblüten oder andere Blüten

So geht's:
Die Feige in etwas Wasser einweichen. Mit dem Einweichwasser pürieren. Das Mandelmus zugeben und alles gut verrühren.
In eine kleine Schale geben und mit Blüten verzieren.

Kerze aus einer Mandarinenschale

Material:
- Mandarine
- Küchenmesser
- Speiseöl, Kerze oder Teelicht
- Teller

So geht's:
Die Mandarinenschale im unteren Drittel mit der Spitze des Küchenmessers rundherum einritzen. Die beiden Schalenteile vorsichtig lösen.
Die obere Schale, an der die Mandarine den Stiel hatte, enthält eine kleine Spitze, die als Docht für unsere Kerze verwendet werden kann.
Es gibt nun verschiedene Möglichkeiten:
- entweder man füllt Speiseöl in die Schale.
- oder man lässt eine große Kerze so lange brennen, bis viel Wachs flüssig geworden ist und gießt dies in die Schale.
- oder man entfernt die Metallhülle von einem Teelicht und stellte es in die Mandarinenschale.

Aus unterschiedlich farbigen Kerzen entstehen verschiedene Mandarinenlichter.
Zum Anzünden jeweils auf einen kleinen Teller stellen.

Rosinen steigen lassen

Material:
- 2 Wassergläser
- Rosinen
- kaltes Wasser

- Mineralwasser

So geht's:
Ein paar Rosinen in ein Glas geben. Mit Wasser auffüllen.
Was passiert?
Die Rosinen bleiben auf dem Boden des Glases liegen.

In das andere Glas ebenfalls ein paar Rosinen geben, aber mit Mineralwasser auffüllen.
Was passiert?
Die Kohlensäure aus dem Mineralwasser steigt in kleinen Bläschen nach oben. Manche legen sich an die Oberfläche der Rosinen. Wenn es genügend Bläschen sind, dann heben sich die Rosinen nach oben.
Sie verdrängen mit den Bläschen nun so viel Wasser, dass sie aufsteigen können.

Trauben stempeln

Material:
- festes Papier, z. B. Tonpapier in DIN A4
- Bleistift

- Flaschenkorken
- Wasserfarben
- Pinsel, Wassertopf

So geht's:
Mit dem Bleistift die groben Umrisse einer Traube mit Stiel auf das Papier zeichnen.
Den Flaschenkorken an einer Seite mit blauer oder hellgrüner Wasserfarbe bemalen.
Die Traube damit ausstempeln.
Den Stiel mit brauner Farbe stempeln. Trocknen lassen.

Fühlspiel aus Krepppapier

Jede Obstsorte hat ihre charakteristischen Umrisse: eine Banane ist schlank und gekrümmt, eine Birne hat einen typischen Bauch, Pflaumen sind oval (Orangen und Mandarinen sind rund und unterscheiden sich eher von der Größe).
Die Obstsorten, die man gut unterscheiden kann, werden mit kleinen Kügelchen von buntem Krepppapier auf stabile Karten geklebt.
Das Zusammenknüllen der Kügelchen und das Aufkleben sind recht aufwändig.

Material:

- Tonkarton oder Kartonrest in der Größe DIN A4
- Krepppapier in verschiedenen Farben
- Materialschalen
- Bleistift
- Alleskleber
- Klarlackspray
- Schachtel
- Flüssigfarbe
- Pinsel

So geht's:
Das gewünschte Obst mit Bleistift auf Tonkarton oder den Kartonrest aufzeichnen. Je nach Alter des Kindes muss hierbei ein Erwachsener helfen.
Das Krepppapier in der passenden Farbe in kleine Stücke reißen. Zu kleinen Knöllchen zusammen drehen und in einer Materialschale sammeln.
Auf dem gezeichneten Obst eine kleine Fläche mit Alleskleber bestreichen und die Knöllchen dort aufkleben. Auf diese Weise nach und nach das aufgezeichnete Obst mit

den Papierknöllchen bekleben.
Nach dem Trocknen im Freien mit Klarlackspray einsprühen.
So viele Karten wie gewünscht herstellen.
Die Schachtel mit Flüssigfarbe bemalen und trocknen lassen. Darin können die Obstkarten aufbewahrt werden.

Spielweise:
Ein Mitspieler schließt die Augen oder bekommt die Augen verbunden. Ein anderer legt ihm eine der Karten hin. Nun soll der Spieler mit den Händen fühlen. Kann er am Umriss erkennen, welches Obst er auf der Karte vor sich liegen hat?

Tipp

Schöne Wandbilder ergeben sich, wenn die Knöllchen auf festes Papier in passender Farbe geklebt werden.

Trockenobst

Kinder mögen zwischendurch gern etwas Süßes. Trockenfrüchte sind dazu ideal. Wie unterschiedlich aber frisches Obst, etwas angetrocknet oder ganz getrocknet schmeckt, das mögen Kinder gern probieren.

Obst im Zimmer trocknen

Eine Möglichkeit zum Trocknen von Obst besteht darin, es zum Trocknen aufzuhängen. Das geht mit Äpfeln ganz einfach:

Material:
- Äpfel
- Apfelausstecher oder Küchenmesser

- Küchenmesser
- festes Garn

So geht's:
Mit dem Apfelstecher oder dem Küchenmesser das Kernhaus entfernen. Den Apfel in Scheiben schneiden und auf das Garn auffädeln. Im Zimmer aufhängen.
Wie verändern sich jetzt die Scheiben? Werden sie durch Oxidation mit der Luft braun?

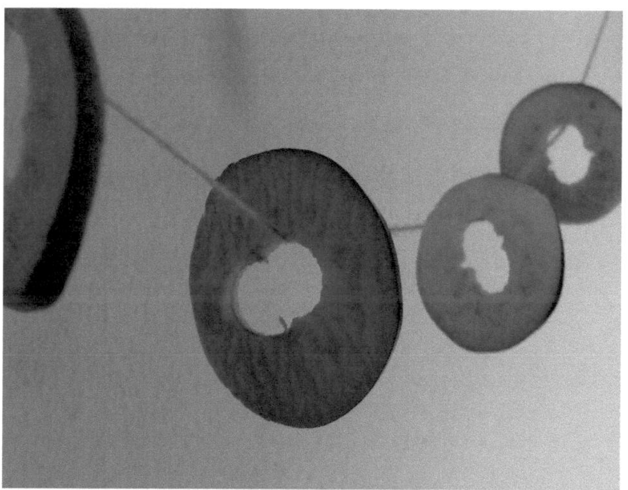

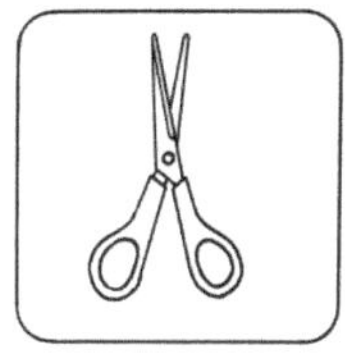

Trockenrost bauen

Ganz luftig trocknet Obst auf einem Rost. Er lässt sich leicht bauen.

Material:
- Holzleisten ca. 25–40 cm lang
- Hammer
- Nägel
- verzinkter Fliegendraht
- Blechschere
- Reißzwecken

So geht's:
Die Holzleisten hochkant zu einem Quadrat oder Rechteck zusammennageln.

Den Fliegendraht mit der Blechschere zuschneiden. Auf die Holzleisten legen und mit den Reißzwecken festmachen.

Obst auf dem Rost trocknen

Material:

- Zwetschgen, Äpfel, Birnen und Orangen
- Apfelausstecher
- Küchenmesser

So geht's:
Zwetschgen halbieren und den Stein entfernen. Die Schnittfläche muss beim Trocknen nach oben zeigen.
Äpfel und Birnen eventuell schälen und das Kernhaus heraus stechen. In Scheiben

schneiden.
Orangen ebenfalls in Scheiben schneiden. Die Endstücke nicht verwenden.
Alle Obststücke mit etwas Abstand auf den Rost legen. Im Freien 5-4 Tage trocknen lassen. Wichtig ist, dass der Rost am Abend ins Haus genommen wird. Ansonsten werden die Früchte in der kühlen Nacht wieder feucht.

Getrocknete Äpfel sind bei Kindern sehr beliebt!

Obst im Backofen trocken

Auch im Backofen kann man Obst sehr gut trocknen.

Material:

- Zwetschgen, Äpfel, Birnen und Orangen
- Apfelausstecher
- Küchenmesser

So geht's:
Das Obst vorbereiten wie oben beschrieben.
Auf den Rost des Backofens legen. Den Rost in den Backofen schieben. Einen Kochlöffel in die Backofentür stecken, damit sie etwas offen bleibt und die Temperatur auf 50° einstellen. Mehrere Stunden gut trocknen lassen.
Anschließend in geschlossenen Schraubgläsern aufbewahren.

Benny Banane

Text: Brigitte Rondholz; Musik: Stephen Janetzko; CD "Früchte, Früchte, Früchte"

Tempo: ca. 120

Refrain: Benny Banane...

2. Ja, es gibt Große und auch Kleine, (Benny Banane)
in ihnen steckt viel Gutes drin. (Benny Banane)
Sie machen diese lange Reise, (Benny Banane)
die großen und der Benjamin.

Refrain: Benny Banane...

3. Benny hat auch noch viele Brüder, (Benny Banane)
auch die sind anfangs alle grün, (Benny Banane)
er singt mit ihnen frohe Lieder, (Benny Banane)
sie sehn das Meer vorüberziehn.

Refrain: Benny Banane...

4. Wird er vom großen Schiff entladen, (Benny Banane)
dann ist so vieles schon geschehn. (Benny Banane)
Er freut sich schon auf seinen Laden, (Benny Banane)
wo alle Menschen ihn gern sehn!

Refrain: Benny Banane...

Zaubertrick: Banane teilen

Wer möchte seine Freunde mit einem Zaubertrick überraschen? Das geht ganz einfach: zeige deinen Freunden eine ganz normale Banane in der Schale. Verzaubere sie mit einem Zauberspruch. Dann bittest du ein Kind, die Banane über einem Teller zu schälen. Was passiert? Die Banane ist schon geschnitten! Sie fällt in einzelnen Scheiben auf den Teller.

Material:

- 1 reife Banane
- 1 Nähnadel
- Nähgarn
- Schere
- Teller

So geht's:
Ein Stück Nähgarn abschneiden, doppelt nehmen und in die Nadel einfädeln. Jetzt unter der Schale mit kleinen Stichen im Kreis herum nähen. An der ersten Einstichstelle heraus kommen und beide Fäden zusammen durch die Banane ziehen. Die Frucht ist durch den Faden an dieser Stelle durchgetrennt.
Die ganze Banane auf diese Weise teilen.
Bei einer reifen Banane fallen die entstandenen Einstichlöcher nicht auf!

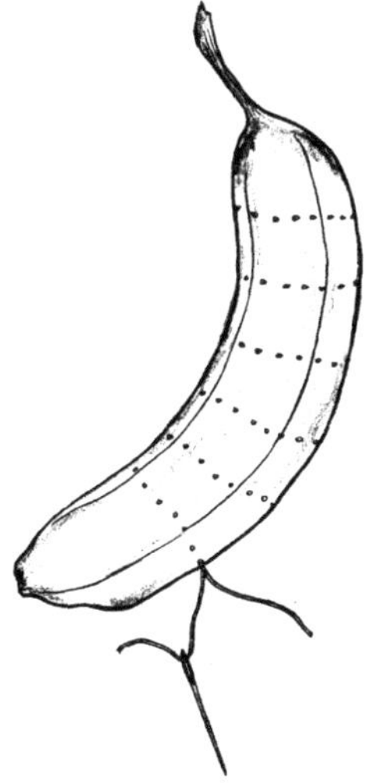

Schiffe falten

Schiffe falten und schwimmen lassen macht großen Spaß. Damit das Schiffchen nicht untergeht, kann man Schwimm- Faltpapier verwenden. Es saugt sich nicht voll.

Material:

- Schwimm- Faltpapier
- Buntstifte
- Alleskleber

So geht's:
Das Papier bunt bemalen. Nach Anleitung falten. Seitlich zusammen kleben.

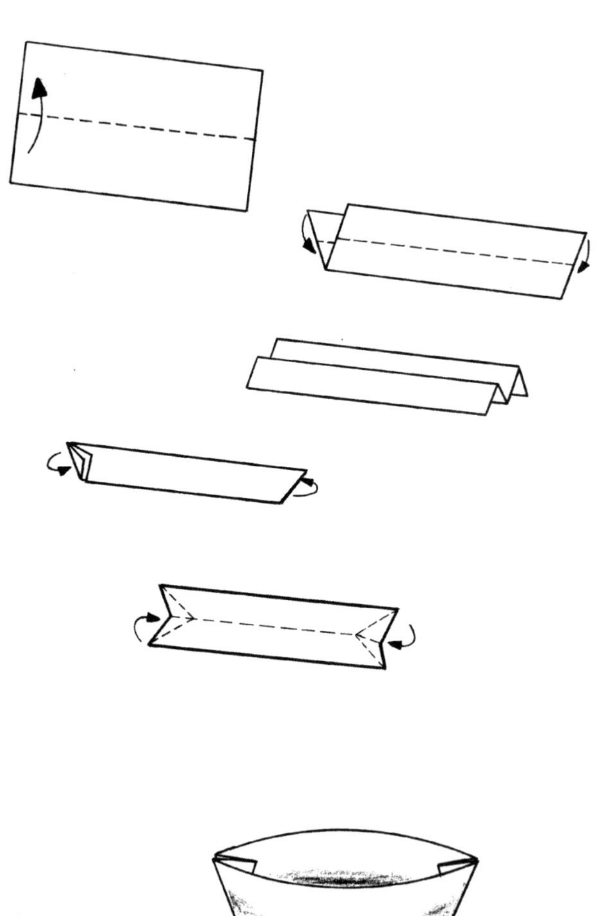

Spiel mit gefalteten Schiffen

Material:

- für jedes Kind ein gefaltetes Schiff
- Prickelnadel oder spitze Schere
- festes Garn
- Schere
- kleine glatte Stöckchen

So geht's:
Jedes Schiffchen unten etwas auseinander biegen, damit es stehen kann. An einer Schräge vorn oder hinten mit der Prickelnadel oder der Spitze der Schere ein Loch einstechen.
3m Garn abschneiden. Durch das Loch ziehen und fest knoten. Das andere Ende mit einem Knoten am Stöckchen fest machen.
Spielweise:
Die Kinder stellen ihr Schiffchen in eine Reihe und gehen mit dem Stöckchen in der Hand so weit zurück, dass sie nebeneinander stehen und das Garn gespannt ist.
Auf ein Zeichen beginnen sie, das Garn auf dem Stöckchen aufzuwickeln, dabei kommt das Schiffchen immer näher zu ihnen heran.
Gewonnen hat, wessen Schiffchen am Schnellsten beim Stöckchen ist.

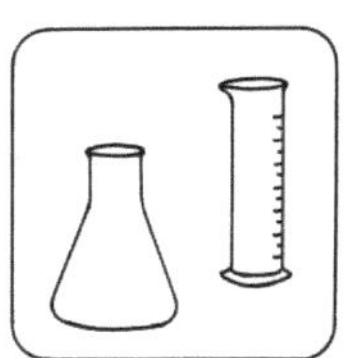

Versuche mit Wasser

Versuche mit Wasser machen das ganze Jahr über Spaß. Im Sommer können die Kinder diese sehr gut draußen ausprobieren. In kühleren Jahreszeiten reicht eine Wanne oder das Waschbecken.
Im Winter bringen Spiele mit Schnee neue Erkenntnisse.

Wie viele Murmeln trägt das Schiff?

Material:

- flache Wanne oder Waschbecken
- gefaltetes Schiff
- Murmeln

So geht's:
Was passiert, wenn man eine Murmel ins Wasser legt? Sie geht unter. Was passiert, wenn man eine Murmel in ein gefaltetes Schiffchen legt? Kann es noch schwimmen? Wie viele Murmeln muss das Schiff geladen haben, bis es unter geht?

Was schwimmt? Was geht unter?

Material:

- flache Wanne oder Waschbecken
- verschiedene Materialien wie Büroklammer, Murmel, Schlüssel, Flaschenkorken, Buntstift...

So geht's:
Die Kinder sammeln verschiedene Materialien im Haushalt. Dann überlegen alle gemeinsam: was wird schwimmen?
Anschließend wird ausprobiert. Die Wanne oder das Waschbecken werden mit Wasser gefüllt. Nacheinander legen die Kinder einen der Gegenstände vorsichtig auf das Wasser. Wer hatte recht und warum?
Die Kinder machen dabei eine zusätzliche Erfahrung: wer seinen Gegenstand unvorsichtig auf das Wasser legt, versenkt ihn dabei.

Wasser einfrieren

Was passiert, wenn Wasser gefriert?

Material:

- Plastikbecher

- Wasser
- Eisfach oder in einer kalten Nacht draußen
- eventuell 1 Glasflasche

So geht's:
Einen Plastikbecher bis zum Rand mit Wasser füllen. Ins Eisfach stellen oder in einer kalten Nacht ins Freie bringen.
Das Wasser dehnt sich aus und das harte Eis schaut oben aus dem Becher heraus.
Eine andere Möglichkeit besteht darin, eine Flasche bis oben mit Wasser zu füllen und verschlossen ins Eisfach zu legen. Wenn das Wasser darin gefriert, platzt die Flasche.
Eine brachiale Methode, aber sehr anschaulich!

Wo schmilzt der Schneeball schneller?

Material:

- 4 Schneebälle
- 1 Handvoll Schnee
- 3 kleine Schüsseln
- kaltes Wasser
- heißes Wasser
- Eisfach

So geht's:
Die Schneebälle zusammen ins Zimmer bringen. Sie werden nun unterschiedlich aufbewahrt:

- im Eisfach des Kühlschrankes
- in einer Schüssel, bedeckt mit Schnee
- in einer Schüssel mit kaltem Wasser
- und in einer Schüssel mit heißem Wasser
- auf einem Teller auf der Heizung
- auf einem Teller im Zimmer

Wo werden sie schneller schmelzen?
Können die Kinder vor Beginn schon sagen, was passieren wird?

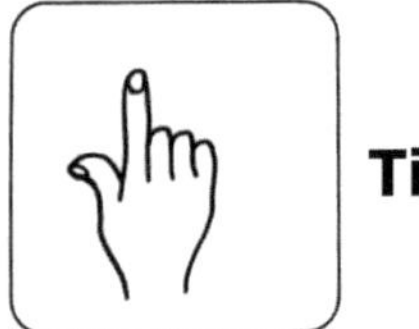

Tipp

Spannend wird es auch, wenn anstelle von einem Schneeball jeweils drei Schneebälle verwendet werden:

- dauert es länger, wenn drei Schneebälle in einer Schüssel mit heißem Wasser liegen als wenn es nur ein Schneeball ist?
- warum ist das so?

Ist der Schnee sauber?

Der frisch gefallene Schnee sieht auf den ersten Blick sehr sauber aus und Kinder essen ihn gern. Ist er das auch? Vermutlich werden die Kinder nach diesem Versuch keinen großen Appetit mehr auf eine Handvoll Schnee haben.

Material:

- frischer Schnee
- Eimer
- Küchensieb
- Küchenrolle

So geht's:
Schnee in einen Eimer füllen und ins Haus nehmen.
Was passiert? Der Schnee schmilzt. Das kann bei einer großen Menge recht lange dauern. Das Küchensieb mit einer Lage Küchenpapier auslegen, das Schneewasser hinein gießen.
Wie sieht das Küchenpapier aus? Hat es Spuren von Schmutz?
Was passiert, wenn man Schnee in der Nähe einer Straße holt und geschmolzen durch das Küchentuch gießt?

Das Duschlied

Straßenkreide herstellen

1

Straßenkreide ist immer Mangelware! Wie gut, dass sich Kinder dieses Material mit etwas Hilfe selbst herstellen können.

Material:

- 5 Tassen Wasser
- Schüssel
- 2 Tassen Gipspulver
- Lebensmittelfarbe oder Farbpulver
- Esslöffel
- Rolle von Toilettenpapier oder Küchenrolle

So geht's:
Gips und Farbe zum Wasser geben und zu einem dickflüssigen Brei zusammen rühren. Die Rollen hochkant stellen. den Brei hineinfüllen und fest werden lassen.
Zum Schluss die Papprolle aufschneiden und ablösen.

Seifenblasen

Dieses Rezept ergibt eine große Menge! Die Masse vor Gebrauch über Nacht stehen lassen.

Material:

- 75 g Zucker
- ½ l Wasser
- 375 ml Neutralseife
- 13 g Tapetenkleister
- 4,5 l warmes Wasser

So geht's:
Den Zucker im Wasser auflösen. Neutralseife und Tapetenkleister untermischen. In 4,5 l warmes Wasser rühren und über Nacht stehen lassen.

Wasser verdunstet

Material:

- leere Spülmittelflasche, gut ausgespült
- Wasser

So geht's:
Die Spülmittelflasche mit Wasser füllen. Leicht zusammen drücken und ein Muster auf eine Stein- oder Teerfläche spritzen. Das ist gar nicht so einfach!
Was passiert nun? Je nach Temperatur verschwindet das Muster langsamer oder schneller, das Wasser verdunstet.
Variante I:
Mit einem dicken Pinsel und Wasser malen. Auch dabei verschwindet das Muster.
Variante II:
Was passiert, wenn man Wasserfarben verwendet? Dann bleibt das Gemälde länger sichtbar, bis es die Sonne ausbleicht oder der nächste Regen es abwäscht.

Pflanzen brauchen Wasser und Sonne

Welche Bedingungen müssen erfüllt sein, damit Pflanzen gut wachsen können?

Material:

- 3 Suppenteller
- Blumenerde
- Kressesamen
- Wasser
- Alufolie

So geht's:
Die Teller mit etwas Erde füllen und leicht andrücken. Einen Teelöffel Kressesamen auf jedem Teller verteilen.
Zwei der Teller mit Wasser benetzen, ein Teller bleibt trocken.

Einen der angefeuchteten Teller mit Alufolie abdecken.
Die Kresse in der trockenen Erde keimt nicht, die Kresse in den beiden Tellern mit feuchter Erde dagegen keimt.
Bei der zugedeckten Kresse entsteht kein Chlorophyll, sodass die Pflänzchen nahezu farblos sind.
Nur auf dem Teller, dessen Erde feucht ist und der Licht bekommt, wachsen die Kressesamen zu kleinen grünen Pflänzchen heran.
Die Kresse mit einer Schere abschneiden. Das schmeckt lecker!

Pflanzen trinken Wasser

Dass Pflanzen ohne Wasser nicht wachsen können, haben die Kinder beim letzten Versuch erlebt. Kann man aber beobachten, wie das Wasser in die Pflanze steigt?

Material:

- 2 hohe Gläser
- 2 weiße Tulpen
- 1 Teelöffel blaue Tinte
- Wasser

So geht's:
Beide Gläser mit Wasser füllen. In ein Glas die Tinte geben. In jedes Glas eine Tulpe stellen.
Eine Tulpe färbt sich blau, sie hat das Tintenwasser „getrunken". Die andere Tulpe bleibt weiß.
Wird die Tulpe auch rot, wenn man rote Wasserfarbe in die Vase gibt?

Kirschkernsäckchen herstellen

Ein warmes Kirschkernsäckchen ist zum Einschlafen wunderschön!

Material:

- Waschhandschuh
- saubere Kirschkerne
- Nähnadel und –Faden
- Schere

So geht's:
Die Kerne in der Kirschenzeit waschen und trocknen. Oder Kirschkerne kaufen.
Die Kerne in einen Waschhandschuh zu dreiviertel einfüllen. Den Handschuh oben zunähen.
Vor dem Zubettgehen in den Backofen oder die Mikrowelle legen und erwärmen. (Backofen 150° etwa 10- 15 Minuten in Alufolie gewickelt, damit der Stoff nicht braun wird. Alufolie entfernen. Mikrowelle 600 Watt, 1 Minute.
Der Handschuh muss vor dem nächsten Wärmen ganz ausgekühlt sein, sonst erhitzen sich die Kirschkerne zu stark!)

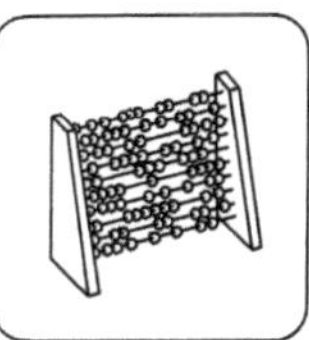

Regenmesser bauen

Wer einen Balkon oder Garten hat, kann nachmessen, wie viel es geregnet hat. Dabei kann ein Kind lernen, verschiedene Mengen zu erfassen.

Material:

- Blechdose
- Glas in passender Größe (es soll in die Blechdose gestellt werden)
- Plastiktrichter (größer als die Blechdose)
- breites Klebeband
- Lineal
- wasserfester Stift
- Schaufel oder Stein

So geht's:
Eine Skala auf das Glas aufbringen: von unten her Striche im Abstand von ½ cm aufzeichnen.
Den Trichter auf das Glas setzen und mit dem Klebeband fest umwickeln. Im Garten ein Loch graben und die Blechdose hinein stellen. Die Erde um Blechdose fest drücken. Jetzt kann das Glas mit dem Trichter hinein gestellt werden.
Wer den Regenmesser auf den Balkon stellten möchte, legt unten in die Blechdose einen flachen Stein, damit die ganze Konstruktion nicht so leicht umfällt.

Bei beiden Standorten muss der Regen frei von oben in den Trichter fallen können.

Seife herstellen

Selbst gemachte Seife ist ein wunderschönes Geschenk für Freunde, Großeltern und alle andern. Die Kinder entscheiden dabei, wie die Seife duftet und welche Farbe sie haben soll.
Anstelle von Seifenflocken kann auch Kernseife verwendet werden, die mit der Küchenreibe in kleine Späne gerieben wird.

Material:

- 100 g Seifenflocken
- Schüssel
- 100 ml heißes Wasser
- wenige Tropfen Lebensmittelfarbe
- 1- 2 Tropfen Duftöl
- durchsichtige Geschenkfolie
- buntes Band

So geht's:
Die Seifenflocken in eine Schüssel geben. Die Lebensmittelfarbe und das Duftöl in das Wasser geben und dieses zu den Seifenflocken gießen. Alles gut durchkneten.
Kleine Kugeln formen. Die Seife muss nun etwa zwei Wochen trocknen.
In ein quadratisches Stück Geschenkfolie legen, die Folie nach oben zusammen nehmen und mit Band zusammen binden.

Kräuterseife herstellen

Eine eigene Kreation entsteht, wenn anstelle von Wasser ein Kräutertee verwendet wird und die Seife in getrockneten Blüten gerollt wird.

Material:

- 100 g Seifenflocken oder geriebene Kernseife
- Schüssel

- 100 ml heißer Kräutertee
- getrocknete Blüten
- Geschenkfolie
- Geschenkband

So geht's:
Kräutertee zubereiten. Die Seifenflocken in eine Schüssel geben. Den Tee ziehen und etwas abkühlen lassen und zu den Seifenflocken gießen. Alles gut durchkneten.
Kleine Kugeln formen. Die feuchten Kugeln in getrockneten Blüten rollen. Das gibt den Seifenkugeln ein ganz besonders edles Aussehen!
Die Seife muss nun etwa zwei Wochen trocknen.
In ein quadratisches Stück Geschenkfolie legen, die Folie nach oben zusammen nehmen und mit Band zusammen binden.

Tipp

Soll die Kräuterseife eine schöne Farbe bekommen, kann man zusätzlich Lebensmittelfarbe in den Tee geben. Die Menge richtet sich nach dem gewünschten Farbton.

Mein bester Freund, mein Engel (Mein Engellied)

Text: Christa Baumann; Musik: Stephen Janetzko; CD "Früchte, Früchte, Früchte"

Tempo: ca. 148

2. Ich fühle manchmal einen Hauch,
der streicht mir übers Haar.
Dann halte ich beim Spielen ein
und weiß, du bist mir nah.

Refrain: Mein bester Freund, mein Engel....

3. Ob Regen oder Sonnenschein,
ob nah, unendlich weit,
begleitest du mich Tag für Tag
und gibst mir Sicherheit.

Refrain: Mein bester Freund, mein Engel....

4. Lieg abends ich in meinem Bett,
dann fühle ich es sacht:
dein Flügel streichelt mein Gesicht,
sagt leise "Gute Nacht".

Refrain: Mein bester Freund, mein Engel....

Engelkerzen

Material:

- dicke Kerzen
- bunte Wachsplatten
- Unterlage, z. B. Holzbrett
- Engel- Ausstechförmchen
- eventuell andere Ausstechförmchen

So geht's:
Die Wachsplatten auf die Unterlage legen. Einen oder mehrere Engel mit dem Förmchen ausstechen und auf die Kerze legen. Gut fest drücken.
Nach Wunsch weitere Motive ausstechen und auf die Kerze drücken.
Die Kerze zum Schluss ein paar Mal auf dem Tisch rollen, damit die Motive gut haften.

Blüten an Weihnachten, so zart wie Engelsflügel

Wer am 4.Dezember, dem Barbaratag, Zweige schneidet, hat zu Weihnachten engelzarte Blüten.
Normalerweise würden diese Blüten erst im Frühling aufgehen. Sie dürfen sich jetzt schon entfalten, weil sie im warmen Wasser und in der warmen Wohnung stehen.

Material:

- Zweige von Forsythien, Apfelbäumen oder Kirschbäumen

So geht's:
Zuerst stellt man die Zweige in warmes Wasser in eine große Vase. Es ist auch günstig, sie zuerst ein paar Stunden in die Badewanne mit warmem Wasser zu legen.
Bis Weihnachten das Wasser in der Vase oft wechseln und warmes Wasser verwenden.

Hat es vor dem Schneiden bereits Nachtfrost gegeben hat, dann blühen die Zweige besonders gut.

Engelgeschirr

Ein ganz besonderes Geschenk!

Material:

- Tasse
- Untertasse
- Dessertteller – jeweils in hellem Farbton
- Stifte zum Bemalen von Geschirr

So geht's:
Das Kind bemalt die Tasse mit einem oder mehreren Engeln. Auch den Rand des Tellers kann es mit Engeln verzieren. Trocknen lassen. Backofentemperatur und die Einbrennzeit sind auf der Packung angegeben.

Engel zum Aufhängen

Salzteig ist ein Material, mit dem Kinder sehr gern arbeiten.

Material:

- 2 Tassen Mehl
- 1 Tasse Salz
- 1 Tasse Wasser
- Wellholz
- Engel- Ausstechform
- Küchenmesser
- Büroklammer
- Flüssigfarbe
- Pinsel
- eventuell Klarlackspray
- Band

So geht's:

Mehl, Salz und Wasser zusammen kneten.
Den Salzteig mit dem Wellholz auswellen. Einen Engel ausstechen. Oder einen Engel modellieren.
Zum Aufhängen auf der Rückseite eine Büroklammer mit der Rundung nach oben hinein drücken.
Den Engel trocknen lassen. Nacheinander auf beiden Seiten mit Flüssigfarbe bemalen und wieder trocknen lassen. Eventuell mit dem Klarlackspray haltbar machen.
Ein Band durch die Büroklammer ziehen und den Engel aufhängen.

Genähter Filzengel

Schulanfänger können diesen Engel selbst nähen.

Material:

- rosa Filz
- Kugelschreiber
- Schere
- Nähnadel
- Nähgarn in rosa
- Märchenwolle oder Füllwatte
- Filzstifte
- Engelshaar
- Klebstoff
- Tüll

Den Filz doppelt legen und einen Engel darauf malen.
Ringsum mit groben Stichen zusammen nähen. Dabei unten so weit offen lassen, dass man ihn umdrehen kann. Beim Stürzen muss bestimmt ein Erwachsener helfen.
Mit Märchenwolle oder Füllwatte ausstopfen und unten zunähen.
Das Gesicht ganz zart mit Filzstiften aufmalen. Das Engelshaar ankleben.
Den Tüll doppelt legen. Die Flügel aufzeichnen und ausschneiden. Am Rücken des Engels mit ein paar Stichen fest nähen.
Ein selbst genähter Engel ist auch ein wunderschönes Geschenk für einen Kindergeburtstag!
Wer den Engel gern über das Bett hängen möchte, näht ihm am Kopf eine kleine Schlaufe an.

Avocados und Bananen

Text: Brigitte Rondholz; Musik: Stephen Janetzko; CD "Früchte, Früchte, Früchte"

Tempo: ca. 220

2. Süßmais, Klee und Knöterich, die darfst du nicht verstecken,
Vogelmiere, Gänseblümchen esse ich so gern.
Mit Cassia und Kokosnüssen kannst du mich heut wecken,
Möhrchen, Litschis, Wegerich, die halt nicht von mir fern!

3. Walderdbeern und Feldsalat, die musst du mir heut geben,
Ananas und Apfelsinen finde ich ganz groß.
Mit Himbeern, Brombeern, Cherimoyas lässt es sich gut leben,
Kumquats, Grapefruits und Melonen finde ich famos!

4. Brokkoli und Sellerie, da liegst du bei mir richtig,
Rotkohl, Weißkohl und Oliven finde ich echt stark.
Doch nichts verderben mit dem Kochtopf, das ist äußerst wichtig,
Frisch vom Baum, Busch oder Feld, so ist's wie ich es mag!

Nachspiel: Mami, jetzt fühl ich mich klasse, denn du hast's kapiert.
Liebe geht auch durch den Magen, aber nicht frittiert!
La la la....

Avocado ziehen

Pflanzen brauchen Wurzeln. Wie ein Kern Wurzeln bildet, lässt sich am Kern einer Avocado sehr gut beobachten.

Material:

- Kern einer Avocado
- 3 Zahnstocher
- Wasserglas
- Wasser
- Blumentopf
- Blumenerde

So geht's:
Den Avocadokern abwaschen. Etwa in der Taille des Kerns verteilt drei Zahnstocher so tief hineinstecken, dass man ihn auf ein Glas setzen kann. Wasser bis etwas über die Unterkante des Kerns auffüllen und bei Bedarf nachfüllen.
Nach einiger Zeit erscheint eine Wurzel, die langsam nach unten wächst. Jetzt kann der Kern in den Blumentopf gepflanzt werden. Später teilt sich der Kern und es schiebt sich ein Stängel und Blätter nach oben.
Die Avocadopflanze wird keine Früchte tragen. Sie ist aber sehr dekorativ.

Die „Roh-macht-froh!"-Geburtstagstorte "

Tortenboden

Zutaten:

- 2 Tassen eingeweichte Mandeln
- 1 Tasse eingeweichte Sonnenblumenkerne
- 1/2 Tasse geraspelte Kokosnuss
- 1 pürierte Banane
- 1 geraspelte Mohrrübe
- Zimt
- Schale einer Zitrone

So geht's:
Alles im Mixer mit dem scharfen Messer verrühren, eventuell noch Zitronensaft hinzufügen, bis es eine gute Konsistenz hat, auf einem schönen Teller dekorativ als Tortenboden ausstreichen.

Tortenbelag

Zutaten:

- 1 Tasse eingeweichte Trockenfeigen
- 1 Tasse eingeweichte Rosinen (oder beliebige andere Trockenfrüchte)

So geht's:
In Stücke schneiden und vermischen, mit einer Banane oder anderen Früchten der Saison pürieren und auf dem Tortenboden verteilen.
Erdbeeren oder andere Früchte dicht an dicht oben drauf anrichten.

Guten Appetit!

Rohe Schokokekse

Zutaten :

- 1 mittelgroße Banane
- 160 g gemahlene Mandeln
- 40 g Kokosflocken
- 1 Esslöffel Zitronensaft
- 1 knappen Esslöffel Carob
- 2 Teelöffel Zimt

So geht's:
Die Banane mit einer Gabel zerdrücken. Mit den anderen Zutaten mischen. Kleine Kugeln formen und mit den Händen flach drücken.
Einen Kochlöffelstiel in die Backofentür stecken, damit sie etwas offen bleibt und bei 50° trocknen. Oder im Dörrapparat trocknen.

In unserm Bioladen (Der Bioladen-Song)

Text: Brigitte Rondholz/Rolf Krenzer/Stephen Janetzko; Musik: Stephen Janetzko;
CD "Früchte Früchte Früchte" © Edition SEEBÄR-Musik Stephen Janetzko, www.kinderliederhits.de

2. Viele Früchte liegen im Regal, und nicht eine einzige schmeckt schal.
Äpfel, Birnen, Kürbis, mann-o-mann, die sind vom Biobauern nebenan! (Refrain.)

3. Bunte Früchte gibt es hier zuhauf, und nicht nur im Sommerschlussverkauf!
Nein, die gibt es hier das ganze Jahr, und manche kommen gar aus Afrika! (Refrain.)

4. Avocados kaufen wir sodann, denn die schmecken einfach jedermann.
Auch Bananen packen wir gleich ein, dann kriegen wir auch keine Zipperlein! (Refrain.)

5. Und im Juni stets dasselbe Spiel, ja, da gibt es Erdbeeren ganz viel..
Himbeern, Stachelbeeren, wunderbar, im Juli ist der Kirschenmonat da! (Refrain.)

6. Und dann kommt die Walnusserntezeit, Haselnuss, Maronen sind soweit.
Nüsse knacken macht uns allen Spaß, auf unsern Bioladen ist Verlass! (Refrain.)

7. Grünkohl, Rotkohl und auch Chicorée, kaufen wir im Winter auch bei Schnee.
Hier gibt es das ganze Jahr so viel, vom Bodensee bis hoch hinauf nach Kiel. (Refrain.)

Obst aus Pappmachée für den Kaufladen

Im Kaufladen wird immer Nachschub an Obst und Gemüse gebraucht! Es lässt sich leicht selbst herstellen und ist allemal schöner als Spielzeug aus Kunststoff. Allerdings eignet es sich erst für Kinder ab 3 Jahren, da es nicht in den Mund genommen und abgelutscht werden sollte.

Pappmachée herstellen

Material:

- 10 Bogen Zeitungspapier
- Wanne oder großer Eimer
- Wasser
- Tapetenkleister
- Wasserfarben
- Klarlackspray

Das Zeitungspapier in kleine Schnipsel reißen. In eine Wanne oder einen Eimer geben. Mit heißem Wasser übergießen, stehen lassen. Am nächsten Tag eine Tasse angerührten Tapetenkleister zugeben und den Teig gut durchkneten. Es soll eine Masse entstehen, die sich gut formen lässt.
Jetzt können Obst und Gemüse geformt werden.
Auf Kuchengittern oder in einem Trockengestell gut durchtrocknen lassen. Anschließend mit Wasserfarben bemalen und wieder trocknen lassen.
Zur besseren Haltbarkeit im Freien mit Klarlackspray einsprühen.

Tipp

Jüngere Kinder, die noch alles in den Mund nehmen, freuen sich über Lebensmittel aus Filz (siehe übernächste Seite).

Papiertüte herstellen

Im Kaufladen brauchen die Kinder immer viele Papiertüten. Sie können ganz einfach gefaltet und zusammen geklebt werden.

Material:

- Papierreste in verschiedenen Größen (z.B. Geschenkpapier, Tapetenrest)
- Schere
- Alleskleber

Das Papier rechteckig zuschneiden und nach Anleitung falten. Den unteren Falz zusammen kleben.

Geschenke für Kinder: Lebensmittel aus Filz

Ein Geschenk für Kinder, das ihnen beim Kaufladen- Spielen lange Freude macht! Die Filzteile können gewaschen werden.
Besonders geeignet für jüngere Kinder, die noch alles in den Mund nehmen.

Material:

- Filzreste
- Schere
- Nähnadel und Nähgarn
- Märchenwolle oder waschbare Bastelwatte

So geht's:
Den Filz zuschneiden, eventuell mit der Bastelwatte füllen und zusammen nähen.

Genäht werden können auch Lauch, Tomaten, Radieschen, Karotten...

Löwenzahn (Toll, toll, toll!)

Text: Brigitte Rondholz; Musik: Stephen Janetzko; CD "Früchte, Früchte, Früchte"

2. Wir finden ihn so wunderschön, so goldig leuchtend anzusehn.
Im Frühjahr blüht er sonnig gelb in Gärten, Wiesen, auf dem Feld.
Gelb, gelb, gelb! Er leuchtet auf dem Feld!
Gelb, gelb, gelb! Er leuchtet auf dem Feld!

3. Er wiegt sich wohlig sanft im Wind und duckt bei Regen sich geschwind.
Er strahlt im hellen Sonnenschein und zieht des Nachts die Blüte ein.
Schein, Schein, Schein! Er zieht die Blüte ein.
Schein, Schein, Schein! Er zieht die Blüte ein.

4. Die Mädchen finden's wunderbar, sie stecken Blüten sich ins Haar.
Und mit dem gelben Blütenkranz da machen sie den Löwentanz.
Kranz, Kranz, Kranz! Sie machen einen Tanz!
Kranz, Kranz, Kranz! Sie machen einen Tanz!

5. Die Jungen kommen rasch herbei, bei diesem Tanz sind sie dabei!
Sie sind ganz höflich und sehr nett auf weichem Löwenzahnparkett!
Nett! Nett! Nett! Auf Löwenzahnparkett.
Nett! Nett! Nett! Auf Löwenzahnparkett.

6. Auch Bienen lieben Löwenzahn, und fröhlich fliegen sie heran.
Ich freu mich im Vorübergehn und laß ganz viele für sie stehn!
Gehn, gehn, gehn, ich lass ganz viele stehn!
Gehn, gehn, gehn, ich lass ganz viele stehn

7. Und ist die Blütezeit vorbei, dem Löwenzahn ist's einerlei.
Er zieht sich um zur Sommerzeit und trägt sein Pusteblumenkleid.
Zeit, Zeit, Zeit, sein Pusteblumenkleid.
Zeit, Zeit, Zeit, sein Pusteblumenkleid.

Löwenzahnrap zum Lied

Das Löwenzahnlied lässt sich wunderbar als Rap aufführen.

So geht's:
Die Kinder kennen das Lied bereits.
Sie stehen in einer Reihe. Dabei halten sie so viel Abstand, dass jeder genügend Bewegungsraum hat.
Die Kinder hören gemeinsam das Lied und überlegen sich dabei, wie sie sich dazu bewegen würden.
Strophenweise wird anschließend das Lied gespielt. Die Kinder erklären ihre Ideen und gemeinsam werden diese überlegt und ausprobiert. Zum Schluss sollte eine interessante Choreographie entstanden sein.
Idealerweise schreibt ein Erwachsener mit, damit die Schritte und Figuren beim nächsten Üben gleich sind.
(Vorschläge für Bewegungen sind kursiv in Klammern eingefügt.)

1. Wir sind heut übers Feld spaziert (*auf der Stelle gehen)* und haben Löwenzahn probiert (*bücken, pflücken, essen)*,
wir fanden ihn zum Essen toll (*Bauch reiben)* und machten unsern Korb ganz voll (*Arme zu einem Kreis vor den Körper nehmen)*
Toll, toll, toll! Der ganze Korb ist voll (*klatschen)*!
Toll, toll, toll! Der ganze Korb ist voll (*klatschen)*!

2. Wir finden ihn so wunderschön, so goldig leuchtend anzusehn (*eine Hand über die Augen legen, in die Ferne sehen).*
Im Frühjahr blüht er sonnig gelb in Gärten, Wiesen, auf dem Feld (*mit der flachen Hand eine Ebene zeigen).*
Gelb, gelb, gelb! Er leuchtet auf dem Feld (*klatschen)*!
Gelb, gelb, gelb! Er leuchtet auf dem Feld (*klatschen)*!

3. Er wiegt sich wohlig sanft im Wind und duckt bei Regen sich geschwind (*auf der Stelle wiegen, dann ducken).*
Er strahlt im hellen Sonnenschein und zieht des Nachts die Blüte ein (*aufstehen, mit einer Hand die Sonne zeigen, in die Hocke gehen).*
Schein, Schein, Schein! Er zieht die Blüte ein (*aufstehen, klatschen).*
Schein, Schein, Schein! Er zieht die Blüte ein (*klatschen).*

4. Die Mädchen finden's wunderbar, sie stecken Blüten sich ins Haar (*Bewegung andeuten)*.
Und mit dem gelben Blütenkranz da machen sie den Löwentanz (*auf der Stelle im Kreis herum tanzen)*.
Kranz, Kranz, Kranz! Sie machen einen Tanz (*klatschen)*!
Kranz, Kranz, Kranz! Sie machen einen Tanz (*klatschen)*!

5. Die Jungen kommen rasch herbei, bei diesem Tanz sind sie dabei(*je zwei Kinder finden sich zusammen, nehmen sich an die Hand)*!
Sie sind ganz höflich und sehr nett auf weichem Löwenzahnparkett (*tanzen auf der Stelle)*!
Nett! Nett! Nett! Auf Löwenzahnparkett (*klatschen)*.
Nett! Nett! Nett! Auf Löwenzahnparkett (*klatschen)*.

6. Auch Bienen lieben Löwenzahn, und fröhlich fliegen sie heran (*jeder breitet die Arme aus und fliegt im Raum)*.
Ich freu mich im Vorübergehn und laß ganz viele für sie stehn (*weiter fliegen)*!
Gehn, gehn, gehn, ich laß ganz viele stehn (*stehen bleiben und klatschen)*!
Gehn, gehn, gehn, ich laß ganz viele stehn (*klatschen)*!

7. Und ist die Blütezeit vorbei, dem Löwenzahn ist's einerlei *(mit dem Zeigefinger „nein" zeigen)*
Er zieht sich um zur Sommerzeit und trägt sein Pusteblumenkleid (*Arme ausbreiten)*.
Zeit, Zeit, Zeit, sein Pusteblumenkleid (*klatschen)*.
Zeit, Zeit, Zeit, sein Pusteblumenkleid (*klatschen)*.

Zum Schluss finden sich die Kinder zu einer Reihe zusammen und verbeugen sich

Die Geschichte vom kleinen Löwenzahn

Es war einmal ein kleiner Löwenzahn. Der wuchs am Rand einer großen Wiese. Um ihn herum standen viele andere Pflanzen: ein Grasbüschel, ein Labkraut, ein Rotklee und ein kleiner Dost.
Es war Frühling und der lange Winter war vorbei. Vor ein paar Tagen war der kleine Löwenzahn aus einem Samen gewachsen, der im letzten Jahr mit seinem Fallschirmchen zur Erde gefallen war.
Der kleine Löwenzahn sah sich um. Die anderen Pflanzen waren nicht viel größer als er. Das Gras war noch kurz, das Labkraut steckte seinen zarten Stängel in die Höhe, der

Rotklee hatte erst drei runde Blättchen und vom Dost war nur eine kleine Blattspitze zu sehen. Der kleine Löwenzahn blickte neugierig in die Runde.
„Wer seid ihr denn alle?“, fragte er. Die anderen Pflänzchen drehten sich nach ihm um.
„Wir sind Pflanzen wie du“, riefen sie fröhlich.
„Wir müssen noch tüchtig wachsen, dann kannst du uns besser sehen“, meinte der Rotklee.
„Das kommt schon“, freute sich das Labkraut. „Schließlich ist der Winter vorbei! Die Sonne scheint und der Boden ist noch schön feucht. Uns geht es wirklich gut!“
Der kleine Löwenzahn freute sich, das klang ja prima! Aber trotzdem war ihm seltsam zumute. Er fragte sich, warum er und die anderen Pflanzen hier auf der Wiese standen. War das Zufall?
„Löwenzahn, was ist mit dir los?“, fragte das kleine Labkraut besorgt. „Du warst doch eben noch fröhlich und vergnügt? Jetzt lässt du deine Blättchen hängen, als wenn es in zwei Minuten schneien würde.“
„Ach“, wich der kleine Löwenzahn aus. „Ich überlege nur.“
„Was denn? Überlegst du, wann wohl das erste Sommergewitter kommt?“
„Nein, nein“, erwiderte der kleine Löwenzahn. „Ich denke nur darüber nach, warum wir alle hier auf der Wiese stehen.“
„Ach so, das ist ja einfach!“, meinte der Rotklee und lächelte. „Sei nicht traurig, das kannst du nicht wissen. Das ist so: du bist mit deinem Fallschirmchen auf unsere Wiese geflogen. Wir wachsen aber schon ein paar Jahre hier und wissen Bescheid.“
„Na, und was ist deine Antwort?“, hakte der kleine Löwenzahn neugierig nach.
„Lasst mich erzählen“, bat der Rotklee. „Ich möchte etwas ausholen, damit du es richtig verstehst.
Also: wir Pflanzen hier, es sind sehr viele, ergeben zusammen die Pflanzen einer Wiese. Schau dich einmal um. Es gibt hier noch viele, viele andere Pflanzenarten, nicht nur uns vier hier auf diesem kleinen Flecken. Sie wachsen bis dort oben, bis zum Waldrand. Wir stehen hier an einem Weg, deshalb ist auch der Dost hier. Stimmt´s?“
„Aber sicher“, antwortete der winzige Dost mit seinem zarten Stimmchen. „Ich brauche viel Sonne, deshalb wachse ich am Rand der Wiese.“
Der kleine Löwenzahn war überrascht.
„Und woher wisst ihr das alles?“, fragte er die Pflanzen.
„Von unseren Freunden, den Tieren“, gab das Labkraut zur Antwort.
„Das ist so“, ergänzte der Dost. „Bienen und Schmetterlinge und Käfer besuchen unsere Blüten. Und während sie bei uns sind, unterhalten wir uns. Sie haben uns das alles erklärt“.
„Die Tiere, die uns besuchen, können fliegen und kennen die ganze Wiese. Wir haben Wurzeln und es ist uns nicht möglich, diesen Platz zu verlassen. Bei dir ist es etwas anders. Wenn deine Blüten ausgewachsen sind, können die Fallschirmchen mit dem Wind über die ganze Wiese fliegen. Aber das dauert noch lange. Hast du das verstanden?“
Der kleine Löwenzahn nickte. Ja, er hatte alles verstanden, was die Pflanzen ihm erklärt

hatten. Das war interessant gewesen. Aber seine Frage war damit nicht beantwortet. Er wollte wissen, warum er hier mit den vielen anderen Pflanzen auf der Wiese wuchs.
„Ich glaube, du wolltest etwas anderes wissen", mischte sich in diesem Moment das zarte Grasbüschel ein. „Du wolltest den Sinn dahinter entdecken. Du willst wissen, warum wie überhaupt hier wachsen".
„Ja, das stimmt!", pflichtete der kleine Löwenzahn ihm bei. „Wir wachsen doch bestimmt nicht ohne Sinn hier? Wer weiß das?"
„Wenn du schon sagen kannst, was der kleine Löwenzahn eigentlich wissen wollte, dann gib ihm auch die Antwort!", zischte der Rotklee schnippisch in die Richtung des Grasbüschels.
„Ich weiß es genau, weil es mich traurig macht", erwiderte das Grasbüschel leise.
„Dann sag es mir bitte", meinte der kleine Löwenzahn.
„Es ist so", holte das kleine Grasbüschel aus. „Seit ewigen Zeiten wissen die Menschen, wie wichtig grüne Pflanzen für ihre Gesundheit sind. Sie pflücken sich ein paar Blättchen und Blüten vom Klee, vom Labkraut und vom Dost. Und von vielen anderen Pflanzen hier auf der Wiese. Ihr seid den Menschen wichtig."
„So ist das also!", freute sich der kleine Löwenzahn. „Dann weiß ich jetzt, warum ich hier gewachsen bin! Damit die Menschen etwas Leckeres und Gesundes zu Essen haben!" Der kleine Löwenzahn streckte seine gezackten Blätter in die Sonnenstrahlen hinein und freute sich.
Doch plötzlich ließ er sine Blätter nach unten sinken und begann zu weinen.
„Was ist jetzt los? Warum weinst du jetzt?", fragte das Grasbüschel überrascht.
„Tut das weh, wenn die Menschen mich essen?", schluchzte der kleine Löwenzahn laut auf.
„Nein, nein", trösteten ihn die anderen Pflanzen im Chor.
„Das kitzelt nur ein bisschen, wenn sie ein Blatt abzupfen. Und wenn du siehst, wie sie sich freuen, dann freust du dich mit ihnen!", tröstete der Dost.
„Dazu hätte ich dir keine Antwort geben können", meinte das Grasbüschel verlegen.
„Und warum nicht?", wollte der kleine Löwenzahn wissen.
„Weil mich die Menschen nicht mögen. Sie zupfen nie einen Halm von mir ab. Dabei würde ich ihnen lecker schmecken. Aber ich bin nur ein uninteressantes Gras. Nicht einmal meine Samen knabbern sie, so dumm sind die Menschen." Traurig sackte das Grasbüschel in sich zusammen.
„Sei nicht traurig", meldete sich da der Dost zu Wort. „Das ändert sich, das kann ich dir versprechen. Früher haben die Menschen meine Blättchen getrocknet und als Gewürz beim Kochen verwendet. Aber heute haben sie gelernt, dass es gesünder für sie ist, wenn sie meine Blättchen pflücken, gleich in den Mund stecken und essen. Die Menschen lernen dazu! Bald werden sie auch von dir, liebes Grasbüschel, ab und zu einen Halm naschen. Warte ab!"
„Das wäre schön, das würde mich freuen!", strahlte das Grasbüschel. Er drehte sich zum Löwenzahn um. „Siehst du, kleiner Löwenzahn, jetzt können wir uns alle freuen und die Zeit auf der Wiese genießen. Was meinst du?"

Vom kleinen Löwenzahn kam keine Antwort. Rotklee, Laubkraut und das Gras sahen zu ihm hin. Sie lächelten, denn der kleine Löwenzahn war eingeschlafen.
„Das war doch etwas zu viel für ihn", schmunzelten die Pflanzen und drehten ihre Blätter zur Sonne hin.
„Die Zeit auf der Wiese genießen", so hatte das Grasbüschel gesagt. Und das taten sie nun alle!

Fensterbild: Löwenzahnwiese

Ein wunderschöner Anblick ist eine blühende Löwenzahnwiese – auch an einem Fenster.

Material:
- grünes Tonpapier
- Bleistift
- Schere
- Lineal
- angerührter Tapetenkleister
- gelbes Transparentpapier
- grünes Transparentpapier
- Fensterfarbe

So geht's:
Streifen aus dem grünen Tonpapier schneiden. Sie sollen etwa 6-8 cm breit sein. Von einer Seite her einschneiden, damit Gras entsteht. So viele Streifen fortlaufend an die Unterkante des Fensters kleben, dass die ganze Breite bedeckt ist.
Vom gelben Transparentpapier Streifen von 5 x 30 cm abschneiden. Von der Längsseite her etwa 2,5 cm tief ganz nah nebeneinander einschneiden. Den ganzen Streifen zusammen rollen. Etwas in Form zupfen. Es entsteht eine Blüte mit vielen einzelnen Blättchen.
Vom grünen Transparentpapier ein Stück von 5x 5 cm abschneiden und einmal zusammen falten. Mit dem Falz nach oben um die gelbe Blüte wickeln.
Die Blüte unten etwas zusammen drücken. Zwischen die Gräser kleben.
Das Fenster kann nun weiter ausgestaltet werden: mit Fensterfarbe den Himmel, die Sonne, dazu Vögel, Schmetterlinge usw. malen.

Roh macht froh!

Text: Brigitte Rondholz; Musik: Stephen Janetzko; CD "Früchte, Früchte, Früchte"

2. Aus Mohrrüben und Kokosnuss, da mach ich Mus ganz klein.
Rosinen, Datteln und auch Feigen schnitzel ich noch rein.
Bananen, Mandeln und Zitronen kommen noch hinzu,
den Kuchen essen wir so gern, der ist dann weg im Nu!
Frag ich euch unbeschwert: "Wozu bloß einen Herd?" (Refrain.)

3. Komm ich vom Kindergarten heim, bin ich schon ganz gespannt.
Ich renne dann, so schnell ich kann, bin außer Rand und Band.
"Was gibt es heut?", so frag ich meine Mami jeden Tag.
Die sagt: "Mein Kind, wart`s doch mal ab, ich weiß doch, was du magst!"
Sie macht den Kühlschrank auf, und dann kommt Freude auf! (Refrain.)

4. Oliven, Grünkohl, Paprika, das ess ich frisch und pur.
Karotten, Mais und Feldsalat und auch Topinambur.
Die Sprossen ham wir selbstgemacht, Maronen sind der Clou,
Tomaten und `ne Avocado nehm ich noch dazu.
Das ist so bunt und schön, das müsstet ihr mal sehn! (Refrain.)

5. Und findet eine Party statt, mit viel Musik und Spaß,
die ganzen Freunde kommen dann, denn alle mögen das.
Ja, Kiwis, Feigen und auch Mangos tischen wir dann auf,
den Strohhalm in der Kokosnuss, und alle sind gut drauf!
Wie findet ihr das bloß? Ich finde das famos! (Refrain.)

6. Und gehn wir mal ins Feld hinaus durch Wiesen, Wald und Flur,
da hangeln wir - das müsst ihr sehn! - wie Tarzan an der Schnur.
Ein Klimmzug und auch Liegestütz, dazu ´nen Purzelbaum.
Und essen Klee und Löwenzahn, was wir uns alles traun!
Wir lieben die Natur und brauchen keine Kur! (Refrain.)

Hüpfspiel Schneckenhaus

Dieses Hüpfspiel wird aufgemalt und braucht deshalb einen glatten Untergrund, z.B. Teer oder Verbundsteine.

Material:
- Straßenkreide
- Kieselstein oder Kern eines Steinobstes

So geht's:
Ein Schneckenhaus auf den Boden malen. Den Kieselstein oder den Kern auf das Feld mit einem Punkt werfen. Das Kind springt (immer auf einem Bein) zuerst über einen Punkt und auf jedes Feld bis zur Mitte (es darf dabei nicht auf die gemalten Ränder treten). Dann springt es über alle Felder zurück und aus dem Schneckenhaus heraus. Anschließend wirft es den Stein oder den Kern in das Feld mit den zwei Punkten, springt in das Feld mit einem Punkt hinein, springt über das Feld mit den zwei Punkten usw. Tritt es auf eine Linie, kommt das nächste Kind an die Reihe. Jeder macht dort weiter, wo er aufgehört hat.
Wer schafft das ganze Schneckenhaus?

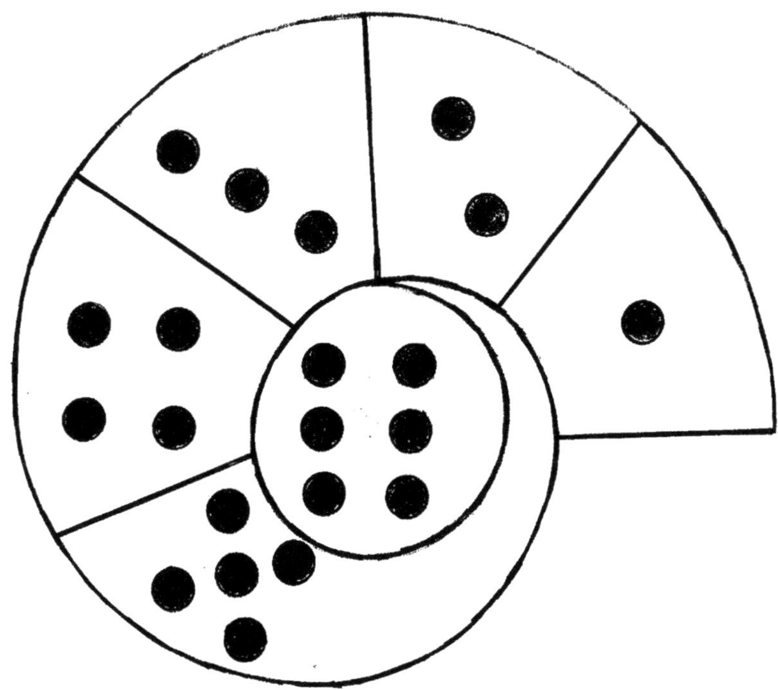

Malen mit Pflanzenfarben

Pflanzen schmecken nicht nur lecker. Mit ihrem Saft können Kinder prima malen. Dazu müssen die Pflanzen zerkleinert werden, damit ihr Saft heraus gepresst werden kann. Wird dünnes Papier verwendet, dann wellt es sich stark. Das kann ein schöner Effekt sein, wenn z. B. eine Tüte für ein Glaswindlicht hergestellt wird. Soll ein großes Bild entstehen, dann ist es ideal, dickes Malpapier zu verwenden.

Herstellung der Pflanzenfarben

Material:

- Rote Bete, Löwenzahn, Spinat, Rotkohl
- Pürierstab
- altes Küchentuch
- Sieb
- Metallschüssel
- Gläser

So geht's:
Die Pflanzen eventuell schälen, klein schneiden und anschließend mit dem Pürierstab zerkleinern.
In ein altes Küchentuch geben, oben fest zusammendrehen und über dem Sieb und der Metallschüssel auspressen. Den entstandenen Saft in ein Glas geben.
Falls Saft übrig ist, sollte er im Kühlschrank aufbewahrt werden.

Windlicht, bemalt mit Pflanzenfarben

Material:

- Butterbrottüte aus Papier
- Waschlappen o. Ä.

- Pflanzenfarben
- Pinsel
- gefüllter Wasserbecher
- Teelicht in einem Glas

So geht's:
Die Butterbrottüte oben etwas nach außen falten. Dieser Faltrand sieht hübsch aus, verkürzt die Höhe, verstärkt den Rand und minimiert somit die Gefahr des Abbrennens. Einen trockenen Waschlappen in die Tüte stecken. Jetzt kann sie ringsum bemalt werden.
Bei jeder neuen Farbe den Pinsel gut auswaschen! Den Waschlappen entfernen und das Papier trocknen lassen. Das Glas mit dem Teelicht hinein stellen.

Tipp

Pflanzenfarben können stark färben. Deshalb ist es ratsam, einen Malkittel anzuziehen und den Tisch mit Zeitungspapier abzudecken.

Bunte Sets mit geriebenen Pflanzen

Aus einem alten Bettuch lassen sich bunte Sets herstellen.

Material:

- altes Bettuch
- Schere
- Zeitungspapier
- Naturmaterial: Grasbüschel, Holunderbeeren, Himbeeren, Klatschmohnblüten, Johanniskraut
- wasserfester Stift
- Bügeleisen

So geht's:
Aus dem Stoff Sets zuschneiden. Die Kanten etwas ausfransen.

Den Arbeitstisch mit Zeitungspapier abdecken und einen Malkittel anziehen. Ein Set glatt darauf legen. Mit den Naturmaterialien darüber reiben. Es entstehen bunte Flecken.
Wer mag, schreibt den Namen des Besitzers auf das Set.
Nach dem Trocknen von links bügeln.

Hüpfspiel mit Mangokernen

Egal ob alleine oder mit Freunden – Hüpfspiele machen immer Spaß! Saubere und getrocknete Mangokerne sind relativ groß, aber leicht und lassen sich gut aufbewahren.

Material:

- Straßenkreide
- mehrere Mangokerne

So geht's:
Mit der Straßenkreide auf dem Boden eine Linie zeichnen. Die Mangokerne im Abstand von etwa der doppelten Schuhlänge des Kindes auf die Linie legen. Jetzt gibt es verschiedene Möglichkeiten, vom Anfang bis zum Ende der Strecke zu gelangen:

- die Strecke zuerst gemütlich abgehen
- schnell gehen
- die Strecke über die Mangokerne kriechen
- langsam rückwärts gehen
- schnell rückwärts gehen
- auf zwei Beinen vorwärts hüpfen
- auf zwei Beinen rückwärts hüpfen
- immer seitlich von den Kernen hüpfen
- einmal zwischen die Kerne, einmal seitlich hüpfen
- vorwärts, rückwärts und seitlich auf einem Bein hüpfen
- auf allen Vieren vorwärts gehen
- auf allen Vieren rückwärts gehen
- immer nur außerhalb der Kerne auftreten
- wer hat weitere Ideen?

Blattbilder auf Salzteig

Jede Baum- und Strauchart hat ihre charakteristischen Blätter. Diese Bastelaktion gibt Gelegenheit, genauer hinzuschauen.

Material:

- 2 Tassen Mehl
- 1 Tasse Salz
- 1 Tasse Wasser
- Wellholz
- Küchenmesser
- frisches Blatt von einem Baum oder Strauch

So geht's:
Alle Zutaten zu einem Salzteig verkneten. Die Arbeitsfläche mit etwas Mehl bestäuben und den Teig ca. 1cm dick auswellen. Mit dem Messer eine rechteckige oder ovale Form ausschneiden. Sie soll so groß sein, dass das Blatt darauf gut Platz hat.
Das Blatt mit den Adern nach unten auf den Teig legen und etwas fest drücken. Mit dem Wellholz darüber rollen. Der Abdruck des Blattes muss nun gut zu sehen sein. Eventuell mehrmals darüber rollen.
Mit dem Küchenmesser ein Loch durchstechen, damit das Bild später aufgehängt werden kann.
Im Backofen bei 100° in etwa zwei Stunden fest werden lassen.

Blätter und Rinde rubbeln

Mit dieser Technik wird die Struktur von Blättern und Rindenstücken sichtbar. Sie ist auch für jüngere Kinder geeignet. Dabei muss ein Erwachsener das Papier festhalten.

Material:

- frische Blätter von Bäumen, Sträuchern oder Zimmerpflanzen
- Rindenstück
- Malpapier
- Wachskreide

So geht's:
Das Blatt oder die Rinde auf eine feste Unterlage legen. Das Papier darüber legen und gut fest halten. Die Wachskreide mit der Längsseite in die Hand nehmen und über den verdeckten Gegenstand rubbeln. Mit der Zeit erscheint das Blatt oder die Rinde auf dem Papier.

Die Geschichte vom Löwenzahn und seinen Fallschirmchen

Es war einmal ein kleiner Löwenzahn. Der wuchs auf einer großen Wiese. Um ihn herum standen die unterschiedlichsten Pflanzen: Rotklee, Spitzwegerich und viele verschiedene Gräser.
Der kleine Löwenzahn freute sich, dass er der erste sein würde, der an diesem Fleckchen auf der Wiese blühen würde. Er fühlte schon, wie sich in seiner Mitte ein fester Stängel nach oben schob. Langsam wuchs er, jeden Tag ein Stückchen. Der kleine Löwenzahn wusste genau, was weiter geschehen würde: der Stängel würde weiter wachsen, an seinem Ende würde eine Knospe und daraus eine Blüte entstehen. Aber so weit war es noch nicht. Erst musste der kleine Löwenzahn viele regnerische und kühle Tage überstehen. Manchmal kam die Sonne kaum hinter den dicken Wolken hervor oder sie strahlte so warm vom Frühlingshimmel, dass die Löwenzahnblättchen sich tief zur Erde duckten. Und eines Nachts wurde es so kalt, dass eine dünne glänzende Reifschicht die Pflanzen bedeckte. Der kleine Löwenzahn war sehr erschrocken. Er hatte seine Blättchen aus der Erde gestreckt, weil der Winter vorbei war. Und jetzt war es so kalt?
Aber am nächsten Tag wurde es wieder warm und schnell hatten alle Pflanzen und Tiere die kalte Nacht vergessen
Nach ein paar Tagen war es endlich soweit: die Knospe am Ende des Stängels war richtig dick geworden und öffnete sich. Viele gelbe Blütenblättchen saßen dicht an dicht, von einem grünen Saum umgeben. Stolz zeigte der Löwenzahn, der jetzt nicht mehr klein war, seine Blüte. Und er freute sich, als er fühlte, dass sich noch mehr Stängel nach oben schoben.
Nach und nach öffnete sich eine Blüte nach der andern.
Jede Nacht schlossen sich seine Blüten. Und auch dann, wenn es regnete oder es sehr trocken war.
Wieder vergingen ein paar Tage. Nun war die erste Löwenzahnblüte verblüht. Sie öffnete sich ein letztes Mal. Jetzt waren keine leuchtend gelben Blüten mehr zu sehen. Nein, der ganze Blütenboden war bedeckt von vielen kleinen silbernen Fallschirmchen. An ihrem Fuß befand sich ein kleiner Samen. Der Löwenzahn war sehr stolz auf seine

vielen Fallschirmchen. Aus jedem von ihnen könnte eine neue Löwenzahnpflanze entstehen. Wenn, ja wenn jedes dieser Schirmchen seine Reise mit dem Wind antreten würde. Aber im Moment saßen alle noch erstaunt auf ihrem Platz.
"Fliegt, meine Lieben!", so munterte der Löwenzahn seine Kinder auf. "Fliegt mit dem Wind und sucht euch einen schönen Platz, an dem ihr wachsen könnt! Auf, meine Lieben! Fliegt!"
Die Schirmchen saßen wie festgewurzelt auf ihrem Blütenboden.
Bis ein Kind kam. Es hüpfte auf der Wiese umher und freute sich über die vielen Pusteblumen. Schnell pflückte es hier einen Stängel und riss dort einen Stängel ab. Es hielt sie kurz in die Luft und blies dann kräftig. Hui - wie die Fallschirmchen davon stoben. Sie hoben sich in die Luft, segelten ein Stückchen und fielen dann langsam zur Erde herunter.
"Komm zu uns!", freute sich der Löwenzahn und versuchte, seinen Stängel mit der Pusteblume hoch in die Luft zu strecken, damit das Kind ihn nicht übersehen sollte. Und tatsächlich: es kam näher heran, pflückte die Pusteblume und blies die Schirmchen weit in die Luft.
"Auf Wiedersehen, meine Kinder!", rief ihnen der Löwenzahn zu. "Bald sehen wir uns wieder, wenn ihr zu kleinen Pflanzen gewachsen seid!"
Tief zufrieden genoss der Löwenzahn die letzten Sonnenstrahlen dieses Tages. Seine nächsten Blüten waren schon verblüht. Vielleicht würde bald wieder ein Kind vorbei kommen. Oder der Wind würde dann seine anderen Schirmchen in die Welt hinaus blasen.

Wildkräuter

Frische Wildkräuter schmecken auch Kindern. Anfangs empfinden sie vielleicht Löwenzahn als etwas bitter und die Knoblauchrauke ähnelt im Geschmack dem Knoblauch. Den Sauerampfer und den Sauerklee mit ihrer leichten Säure mögen Kinder in der Regel sehr gern, ebenso die Gänseblümchenblätter und natürlich deren Blüten.

Zutaten:

- Blätter von Löwenzahn, Knoblauchrauke, Sauerampfer und Gänseblümchen
- Blüten von Gänseblümchen

So geht's:
Wildkräuter benötigen kein Dressing, sie schmecken von der Hand in den Mund sehr lecker. Der Geschmack der einzelnen Kräuter kommt auf diese Weise sehr viel besser

zur Geltung als mit einem Dressing.
Die frischen Blättchen und die Blüten waschen und trocken schleudern.
Sind die Wildkräuter mit Obststückchen angerichtet und mit Blüten garniert, dann greifen Kinder gern zu.
Wer gern einen klassischen Salat mag, gibt die Wildkräuter dem Salat zu und vermischt alles mit einem Dressing.
Mit Gänseblümchenblüten dekorieren.

Blütenketten

Schnüre mit bunten Blüten hängen am Fenster oder von der Decke.

Material:

- Papierreste
- Bleistift
- Schere
- festes Garn
- Alleskleber oder Klebestift

So geht's:
Das Papier zusammen falten, damit es doppelt liegt. Eine Blüte aufzeichnen und ausschneiden.
Ein Stück Garn abschneiden und glatt hin legen. Die Blüte auf der Rückseite mit Klebstoff bestreichen. Mittig unter das Garn legen. Den andern Teil genau passend darauf legen. Fest drücken.
Viele verschiedene Blüten mit etwas Abstand auf das Garn kleben. An einem Ende eine Schlaufe binden. Jetzt kann die Kette aufgehängt werden.

Tipp

Wer eine Kette mit Blüten und Blättern mag, schneidet Blätter in verschiedenen Formen und unterschiedlichen Grüntönen aus und klebt sie zwischen die Blüten.

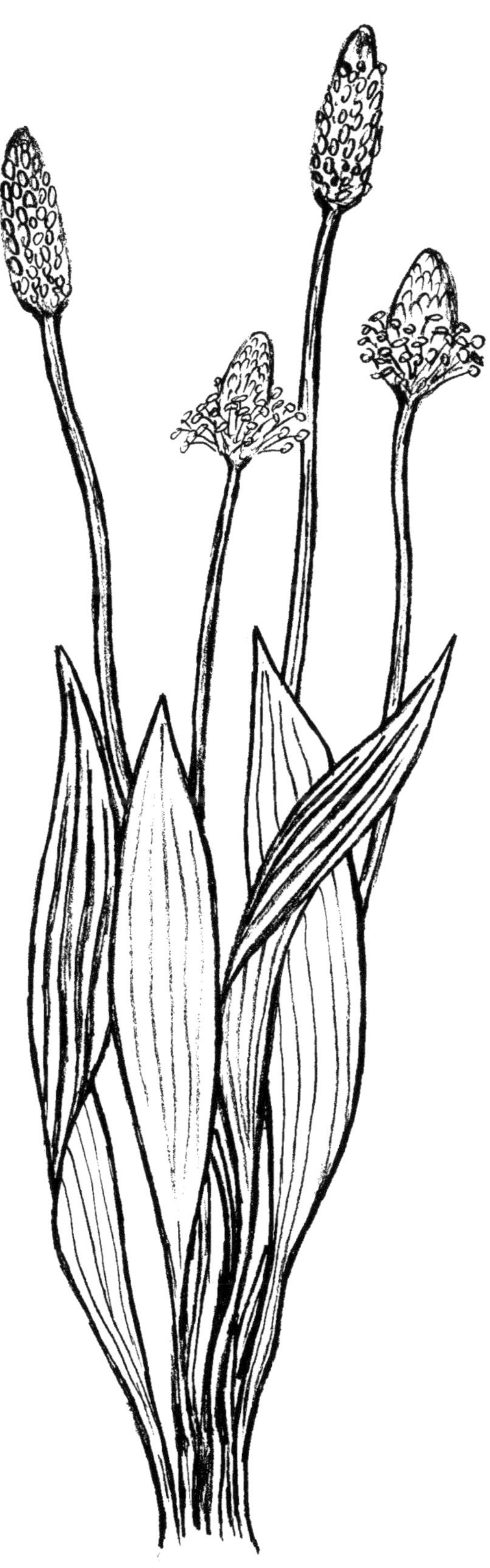

Ein kleines Bienchen

Text: Herta Dieckhoff/Stephen Janetzko; Musik: Stephen Janetzko; CD "Früchte Früchte Früchte"

2. Dann fliegt sie weiter, hat die Wahl,
summ, summ summ, summ, im Sonnenstrahl.
Ein ganzer Schwarm tanzt in der Luft.
Riecht ihr nicht auch den Blütenduft?
Riecht ihr nicht auch den Blütenduft?

3. Du bist so schön, so friedlich, und
wenn du mal stichst, nicht ohne Grund.
Doch es tut weh und schmerzt auch sehr.
Nein, ich komm dir nicht in die Quer,
nein, ich komm dir nicht in die Quer.

4. Flieg schnell zur Blüte, die so schön.
Weil ich mit Honig uns verwöhn,
habe ich in der Winterzeit
auch ein Glas Honig stets bereit,
auch ein Glas Honig stets bereit.

5. Bienchen, nun ruh dich doch mal aus.
Triff deinen Freund im Wabenhaus.
Im Frühling wieder, summ, summ, summ,
fliegst immer um die Blüten rum,
fliegst immer um die Blüten rum.

Bienchen aus einer Dattel

Zutaten:

- Mandeln
- Datteln
- heißes Wasser
- Küchenmesser

So geht's:
Die Mandeln mit heißem Wasser übergießen und kurz stehen lassen. Das braune Häutchen quillt nun auf. Die Mandeln in der Hand reiben und so das Häutchen entfernen. In zwei Hälften teilen.
In die Dattel seitlich rechts und links einen kleinen Schnitt machen. Dort jeweils eine halbe Mandel als Bienenflügel hinein stecken.

Reim zum Spielen

Zum Spielen für diesen Reim stellen sich die Kinder einen Apfel und einen Wurm aus Tonpapier her.

Der Reim:
Ein Wurm sitzt tief im Apfel drin
und überlegt sich her und hin:
Wie komme ich da bloß heraus
aus diesem dunklen Apfelhaus?
Er beißt und beißt, wird kugelrund.
Gräbt einen Tunnel viele Stund´.
Er frisst und frisst, frisst immer noch,
doch da – der Apfel hat ein Loch!
Ein Loch, gebohrt so rund und schön.
Da sagt der Wurm: „Auf Wiedersehn!

Ich komme übers Jahr zurück-
als Schmetterling, o welch ein Glück!"
(Überlieferung)

Material:

- Tonpapierreste
- Bleistift
- Schere
- Holzstifte

So geht's:
Einen großen Apfel aufmalen und ausschneiden. An einer Seite ein Loch ausschneiden. Einen kleinen Wurm aufzeichnen und ausschneiden. Er soll so dick sein, dass er durch das Loch im Apfel passt.
Zum Spielen hält das Kind den Apfel in der einen, den Wurm in der anderen Hand.

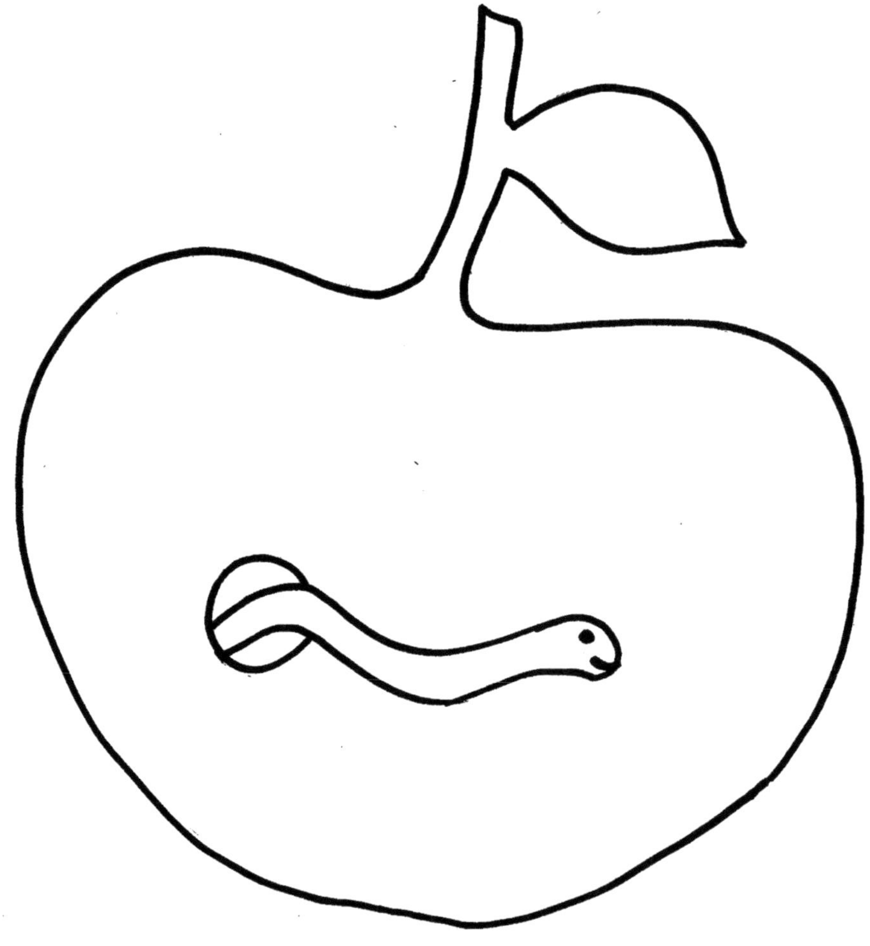

Raupen für Glückwunschkarten

Glückwunschkarten werden immer gebraucht. Umso schöner, wenn sie von Kindern selbst gemacht sind!

Material:

- Doppelkarten
- Flaschenkorken
- Geschenkpapierrest
- Schere
- Alleskleber
- Filzstift

So geht's:
Den Korken auf das Geschenkpapier aufsetzen, mit dem Filzstift umrunden und kleine Kreise aufzeichnen. Ausschneiden. Diese Kreise als Segmente der Raupe etwas übereinander auf die Vorderseite der Doppelkarte kleben.
Den ersten Kreis als Gesicht der Raupe ausmalen und ihre vielen Beinchen mit Filzstiften aufmalen.

Schmetterling

Schmetterlinge sind faszinierende Tiere – lautlos flattern und schweben sie davon und lassen sich von Kindern nicht fangen!

Material:

- Malpapier
- Wasserfarben
- Schwämme
- Bleistift
- Schere
- Holzwäscheklammern zum Basteln
- Alleskleber
- buntes Garn

So geht's:
Das Malpapier mit Wasserfarben und Schwämmen bunt austupfen und trocknen lassen.
Die Rückseite ebenfalls betupfen und trocknen lassen.
In der Mitte falten, einen halben Schmetterling aufzeichnen und ausschneiden.
Auseinander falten. In die Mitte als Körper von oben und unten jeweils die Hälfte einer Wäscheklammer aufkleben. Zum Aufhängen vor dem Trocknen ein Stück Garn der Länge nach unter eine der Klammern legen.
Die Enden zusammenknoten und den Schmetterling aufhängen.

Schmetterling aus Früchten

Kinder essen sehr gerne Früchte. Aufgeschnitten und schön angerichtet schmeckt es aber noch viel besser!

Zutaten:

- verschiedene Obstsorten
- flache Platte

- Küchenmesser
- Cocktailspießchen
- Servietten

So geht's:
Das Obst waschen, eventuell schälen und in Stücke schneiden. Als Schmetterling auf einer Platte anrichten.
Vor dem Essen in mundgerechte Stücke schneiden. Cocktailspießchen und Servietten dazu legen, damit die Kinder die Obststücke aufspießen können.

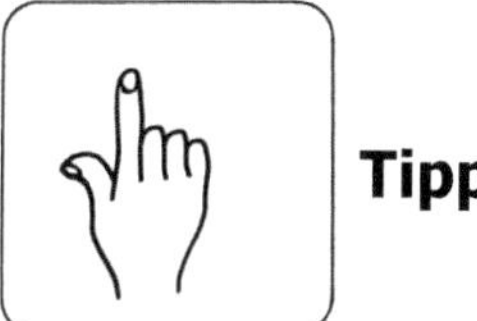

Tipp

Obst in dünne Scheiben schneiden, mit Ausstechförmchen verschiedene Figuren ausstechen und auf dem Teller anrichten.

Schmetterlinge als Fensterbild

Viele bunte Schmetterlinge flattern auf der Fensterscheibe.

Material:

- Tonpapier
- Bleistift
- Schere
- Prickelnadel
- Unterlage
- Transparentpapierreste
- Alleskleber
- angerührter Tapetenkleister

So geht's:
Einen Schmetterling aufmalen. Auf die Flügel Innenkreise aufzeichnen.
An der Außenlinie ausschneiden.
Das Papier auf die Prickelunterlage legen. Auf allen inneren Linien dicht an dicht mit der Prickelnadel einstechen. So lassen sich die Innenkreise heraus trennen.
Transparentpapier etwas größer als die Innenkreise ausschneiden und von links dagegen kleben.
Hält man den Schmetterling nun gegen das Licht, so leuchten seine Flügel. Wer mag, beklebt die Transparentflügel mit kleinen Schnipseln in anderen Farben vom Transparentpapier.
Anschließend kann der Schmetterling mit angerührtem Tapetenkleister am Fenster fest gemacht werden. Dabei den Tapetenkleister auf den Tonpapierrand auftragen.
Er freut sich über viele Freunde, die mit ihm fliegen.

Tipp

Diese Schmetterlinge lassen sich leicht mit warmem Wasser vom Fenster entfernen: etwas einweichen lassen, dann abziehen und die Reste abwaschen.

Die Weidenkätzchen

Text: Christian Morgenstern; Musik: Stephen Janetzko; CD "Früchte Früchte Früchte"

Tempo: ca. 120

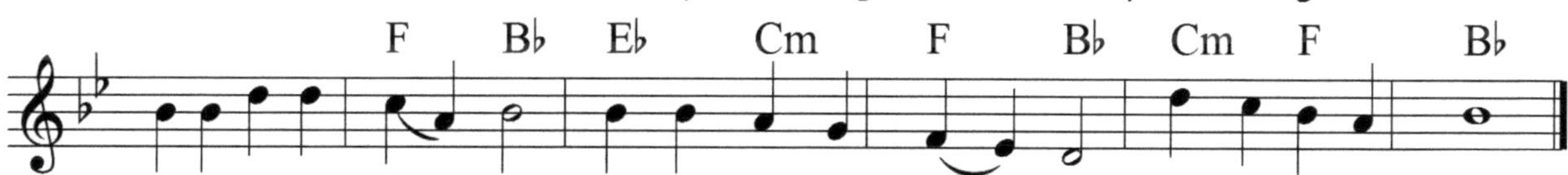

2. Wollen's gern dir sagen:
Wir sind ausgeschlagen
aus dem Weidenbaum,
haben winterüber
drin geschlafen, Lieber,
in tieftiefem Traum.

3. In dem dürren Baume
in tieftiefem Traume
habt geschlafen ihr?
In dem Holz, dem harten
war, ihr weichen, zarten,
euer Nachtquartier?

4. Musst dich recht besinnen:
Was da träumte drinnen,
waren wir noch nicht,
wie wir jetzt im Kleide
blühn von Samt und Seide
hell im Sonnenlicht.

5. Nur als wie Gedanken
lagen wir im schlanken
grauen Baumgeäst;
unsichtbare Geister,
die der Weltbaumeister
dort verweilen lässt.

6. Kätzchen ihr der Weide,
wie aus grauer Seide,
wie aus grauem Samt!
O ihr Silberkätzchen,
ja, nun weiß, ihr Schätzchen,
ich, woher ihr stammt.

Weidenkätzchen- Vögelchen

Weidenkätzchen stehen unter Naturschutz, weil sie von Bienen als erstes Futter im Frühling dringend gebraucht werden. Deshalb nur gezüchtete Kätzchen von Ziersträuchern aus Gärten nehmen und nur so viele abmachen, wie gebraucht werden.

Material :

- Hälften von Walnussschalen
- Märchenwatte
- Tonpapierrest oder Buntpapierrest
- Alleskleber
- 2 Weidenkätzchen, noch grau und nicht aufgeblüht
- Schere

So geht's:
Etwas Märchenwolle abzupfen und in die halben Walnussschalen drücken. Ein Stück Tonpapier zusammenfalten. An die Faltkante ein Dreieck zeichnen und ausschneiden. Es entsteht ein doppeltes Dreieck, das aussieht wie der Schnabel eines Vogels.

Den Schnabel an das Kätzchen kleben. Zwei Vögelchen in das Walnussnest hinein kleben.

Vitamine, Vitamine! (Der Vitamin-Song)

Text: Brigitte Rondholz; Musik: Stephen Janetzko; CD "Früchte Früchte Früchte"

Tempo: ca. 160

2. Ich sage dir, wo ich drauf steh, ist besser als ein Praliné.
Sie sehn so bunt und fruchtig aus, ich liebe sie tagein, tagaus. (Refrain)

3. Die Ananas ist herrlich süß, zum Frühstück ich sie gern genieß.
Sie macht mich munter, macht mich frisch, sie schmeckt für mich verführerisch! (Refrain)

4. Orangen kennt wohl jeder hier, ich hab sie ständig im Visier.
Zu Mittag ess ich allerlei, mal eine, zwei und auch mal drei! (Refrain)

5. Was ist so rot und weich und fein? Das können nur die Himbeern sein.
Sie reifen schön am Strauch heran, sie schmecken einfach jedermann. (Refrain)

6. Die Grapefruit ist so herb und rund, ich mag sie fast zu jeder Stund.
Ich löffel sie ganz gründlich aus, sie ist ein toller Gaumenschmaus. (Refrain)

7. Die Mango schmeckt nach Paradies, ist weich und zart, ganz himmlisch süß.
Am Abend schmeckt sie richtig fein im Lampen- und im Mondenschein! (Refrain)

Ananas- Schopf einpflanzen

Wer eine eigene Ananasfrucht ernten will, braucht viel Geduld. Vom Pflanzen bis zur Ernte dauert es 1 – ½ Jahre. Die Anzucht ist aber für Kinder so interessant, dass sich dieser Versuch lohnt.

Material:

- 1 reife Ananas mit grünen, noch frischen Blättern
- scharfes Messer
- Schneidebrett
- Wasserglas

So geht's:
Die Ananas 3-4 cm unterhalb der Blätter abschneiden. Das Fruchtfleisch um den harten Strunk ebenfalls abschneiden.
Den Ananasschopf auf die Heizung oder in die Sonne legen und mindestens zwei Tage trocknen lassen. Damit verhindert man, dass der Strunk später zu faulen beginnt.
Jetzt müssen die unteren Blätter entfernt werden, indem sie nach unten gezogen werden.
Den Schopf entweder auf ein Glas mit Wasser setzen oder in die Erde pflanzen. Für Kinder ist es aber spannender, wenn sie zusehen können, wie die Ananas im Wasser Wurzeln bildet. Anschließend muss sie natürlich eingepflanzt werden.
An einen sonnigen Standort bringen und regelmäßig gießen.

Sonnenblumen keimen und säen

Bei diesem Versuch sieht man sehr gut, wie sich ein Keim entwickelt und wie Sonnenblumen zu wachsen beginnen.

Material:

- Sonnenblumenkerne
- Keimglas
- Blumentopf
- Blumenerde

So geht's:
Die Sonnenblumenkerne im Keimglas zum Keimen bringen. Gleichzeitig einen Blumentopf mit Erde füllen, Sonnenblumenkerne hinein säen und wässern.
Beobachten:

- Wo sind die Keime schneller zu sehen: im Keimglas oder wachsen sie zuerst aus der Erde heraus?
- Wie geht es weiter? Was passiert mit den Keimlingen? Was geschieht mit den kleinen Pflänzchen, die im Topf wachsen?
- Gibt es eine Möglichkeit, die kleinen Sonnenblumenpflänzchen ins Freie zu pflanzen?
- Was passiert dann?

Memory basteln

Die meisten Kinder können Erwachsene beim Memory- Spielen total erstaunen: sie sind hoch konzentriert, merken sich die Kärtchen viel besser und gewinnen haushoch!

Material:

- Kopierer
- Papier
- Tonkarton
- Schere
- Alleskleber
- Buntstifte oder Filzstifte
- Laminiergerät und -folie
- Schuhkarton
- Flüssigfarbe
- Pinsel

So geht's:

Die Motive je 2x kopieren, auf Tonkarton kleben und ausschneiden.
Eines der Motive insgesamt 4x ausschneiden, es wird später für den Karton gebraucht, in der die Karten aufbewahrt werden.
Die Motive bunt ausmalen. Für jüngere Kinder sollten sie gleich ausgemalt sein. Ältere Kinder schaffen das Memory auch, wenn zum Beispiel ein Apfel grüngelb und der andere rot angemalt ist.
Die Karten laminieren und wieder ausschneiden.
Den Schuhkarton mit der Flüssigfarbe anmalen und trocknen lassen.
An einer Schmal- und einer Breitseite je eine der dafür kopierten und ausgemalten Memorykarten kleben.
Jetzt können die Kinder den Inhalt des Kartons auch erkennen, wenn er im Regal steht.

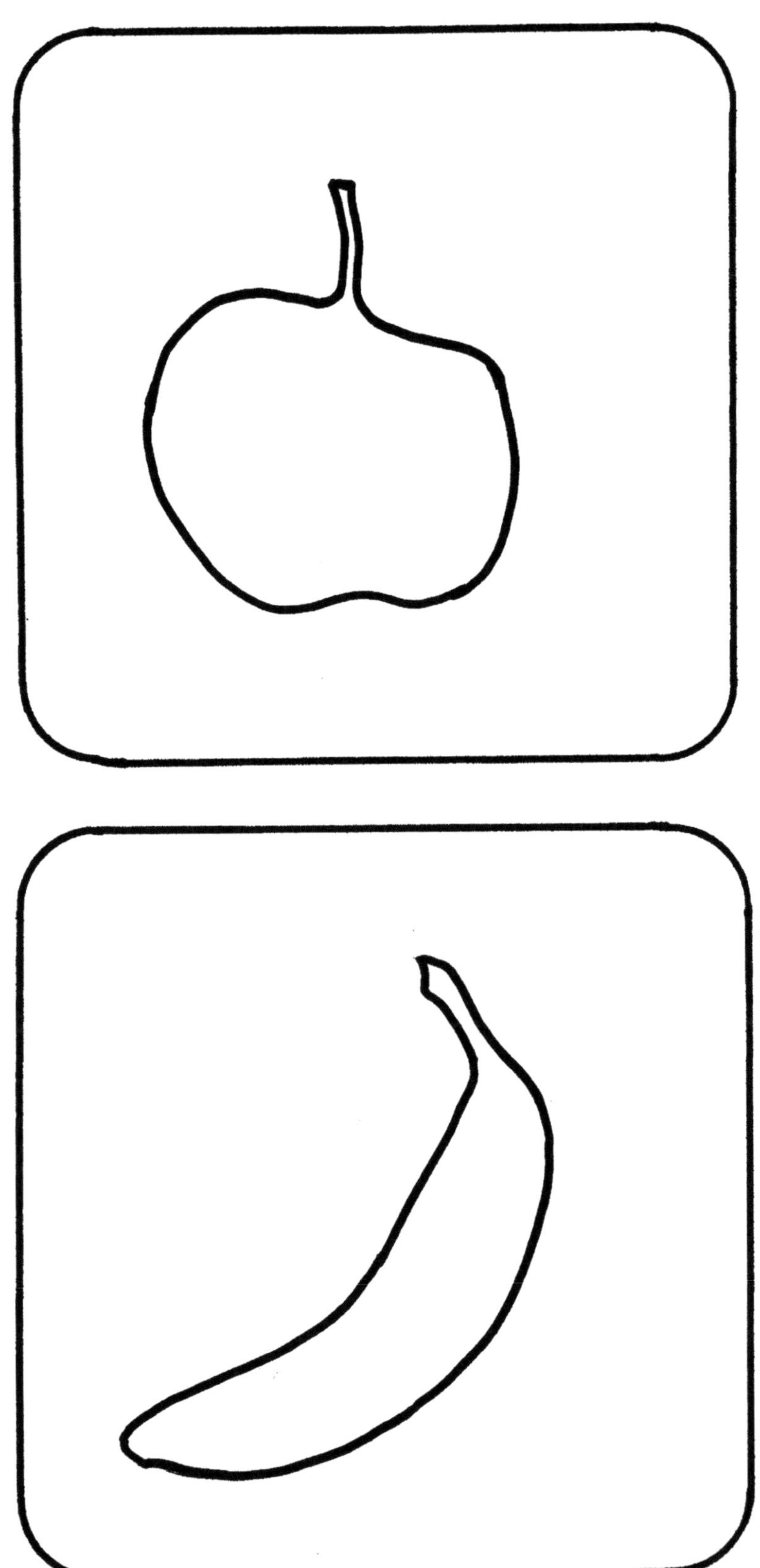

Wenn wir heute Nüsse knacken

Text: Rolf Krenzer/Stephen Janetzko/Brigitte Rondholz; Musik: Stephen Janetzko;
CD "Früchte Früchte Früchte" © Edition SEEBÄR-Musik Stephen Janetzko, www.kinderliederhits.de

Tempo: ca. 200

D A
Refrain: Wenn wir heu-te Nüs-se kna-cken, müs-sen al - le mit an-pa-cken,

D A D G
weil doch je-der, wie ihr wisst, so gern leck-re Nüs-se isst. Mut-ti, Mut-ti,

A D A
Mut-ti, jetzt krieg bloß kei-nen Schreck! Da wa-ren wohl die Mäus-chen dran, denn

D G A D
schon sind al-le weg! Mut-ti, Mut-ti, Mut-ti, der Man-del-topf ist leer! Da / Da

A D A
müs-sen doch so schnell wie mög-lich neu-e Nüs-se her! 1. Mit Ma - ca-da-mia,
müs-sen doch so schnell wie mög-lich neu-e Nüs-se her! auch Wal-nüs-se und

D G D
Ha-sel-nuss fängt heut das Es-sen an; Nun holt sie raus -
Pe-kan-nuss, da - mit es los-gehn kann.

A D G D A D
bei euch zu Haus; und knackt dann aus dem Korb die schöns-ten Nüs-se aus!

2. Sind dann die Mandeln alle aus, sind die Maronen dran,
damit ein jeder gut gelaunt gleich daran knabbern kann.
Nun ruht euch aus. Doch wer zu Haus noch einen Apfel mag, der holt ihn schnell heraus. (Refrain)

3. Damit die leckren Sachen dann auch vor uns sicher sind
verpackt sie Mutti irgendwo, geschwind vor jedem Kind.
Schnell zugedeckt und gut versteckt. Ja, diese Knabberei hat allen gut geschmeckt! (Refrain)

Textvariante für die Adventszeit (dazu braucht ihr nur den Refrain anders singen):
Wenn wir Weihnachtsnüsse knacken, müssen alle mit anpacken,
weil doch jeder, wie ihr wisst, so gern Weihnachtsnüsse isst.
Mutti, Mutti, Mutti ... da müssen doch für Weihnachten noch neue Nüsse her!

Spiel: Ich packe meinen Korb

Wer kann sich viele Gegenstände merken? Die Kinder stellen sich dazu vor, sie würden ein Picknick veranstalten und das Essen dazu einpacken.

So geht's:
Die Kinder sitzen im Kreis. Eines beginnt:
„Ich packe meinen Korb und nehme ein paar Nüsse mit." Das nächste Kind fährt fort:
„Ich packe meinen Korb und packe die Nüsse ein und nehme eine Banane mit."
So wiederholt jedes Kind das Gesagte und fügt ein weiteres Lebensmittel hinzu.
Zu Beginn ist das einfach, aber je mehr Kinder ihren Korb packen, umso schwieriger wird das Merken und Aufzählen der Lebensmittel. Natürlich helfen die Freunde mit, wenn ein Kind ins Stocken gerät.

Apfel- Variationen

Jüngeren Kindern fällt es noch schwer, vom Apfel abzubeißen. Sie essen deshalb gern Apfelschnitze. Es gibt noch andere Formen, die ihnen Freude machen.

Apfelkrone

Den Apfel zwischen Stiel und Blütenansatz in die Hand nehmen. Mit einem spitzen Messer ringsum Zacken einschneiden. Dabei immer bis in die Mitte scheiden. Den Apfel auseinander ziehen. Das Kernhaus entfernen und den Apfel wieder zusammen setzen.

Apfelburg

Um den Apfel herum wie die Zinnen einer Burg einschneiden. Das Kernhaus heraus schneiden und den Apfel wieder zusammen setzen.

Apfelpilz

Vom Stiel her bis etwa zur Hälfte große Stücke heraus schneiden. Es entsteht so der Stiel des Pilzes, beim Blütenansatz bleibt der Schirm stehen. Mit dem Messer ein paar kleine Kreise heraus schneiden, so bekommen wir einen getupften Pilzhut.

Segelschiffe

Den Apfel in Schnitze schneiden. Innen eine längliche Vertiefung schneiden. Aus einem Schnitz viele schmale Teile schneiden. Diese in die Vertiefung der breiten Schnitze stecken.

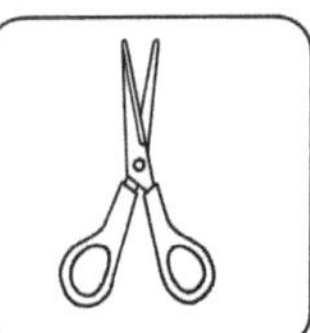

Mandala zum Ausmalen

Apfel- Nikolaus

Material:

- Apfel
- Nuss
- Streichholz
- Glanzpapier
- Schere
- Watte
- Alleskleber
- Filzstift

So geht's:
Das Streichholz in die weiche Stelle der Nuss stecken, das andere Ende in die Blüte des Apfels.
Aus dem Glanzpapier einen Kreis schneiden und zu einer Tüte zusammen kleben. Die Mütze auf die Nuss kleben. Watte als Bart und als Bommel auf die Mütze kleben.
Mit dem Filzstift ein Gesicht auf die Nuss malen.

Kleine Äpfel als Tischdekoration

Material:

- Pappmachée (Beschreibung S. 34)
- Wasserfarben
- Pinsel
- Wäscheklammer
- Klarlack

So geht's:
Aus Pappmachée kleine Äpfel mit Stiel und Blatt formen. Auf Kuchengittern gut durchtrocknen lassen. Zwischendurch wenden. Anschließend bemalen und wieder trocknen lassen. Eventuell mit Klarlack bemalen oder einsprühen.

Apfelspiel

Material:

- Tonpapierrest
- Bleistift
- Schere
- Pappteller
- Flüssigfarbe
- Pinsel
- Strohhalme

So geht's:
Auf das Tonpapier viele kleine Äpfel zeichnen und ausschneiden.
Den Pappteller bemalen und trocknen lassen.

Spielweise:
Jeder Mitspieler bekommt einen Strohhalm. Der Reihe nach versucht jeder, einen Apfel mit dem Strohhalm anzusaugen und vom Teller weg zu nehmen. Fällt er auf dem Weg herunter, kommt das nächste Kind an die Reihe. Gewonnen hat, wer die meisten Äpfel an seinem Platz liegen hat.

Wir tanzen auf dem Brombeerball

Text: Barbara Oelbaum/Stephen Janetzko; Musik: Stephen Janetzko; CD "Früchte Früchte Früchte"

2. Gräfin von der We-eide, ganz in Samt und Se-eide,
lädt den Herzog Hollerbusch,
zu dem Tänzchen - husch, husch, husch. (Refrain)

3. Die Prinzessin Waldgeißblatt hat das Tänzchen bald schon satt,
denn der Herr von Schle-e-he
tritt stets ihre Ze-e-he. (Refrain)

4. Ritter Weißdorn, ganz verträumt, schwebt mit Fräulein Ve-eilchen,
fein und hold im Kreis umher,
schon ein langes We-eilchen. (Refrain)

5. Herr und Frau von Runzelros, ringsum Schmetterli-inge,
fegen über das Parkett
in der Nacht der Si-inne. (Refrain)

6. Frau Baronin Haselnuss, etwas rund und di-icklich,
schenkt Herrn Schneebeer einen Kuss -
oh, wie unerqui-icklich! (Refrain)

7. Sanddorn Senior, nicht mehr jung, führt Comtesse von Walderdbeer,
ohne Takt und ohne Schwung,
ach, wenn's doch zu Ende wär... (Refrain)

Kopfschmuck zum Lied vom „Brombeerball"

Basteln und tanzen sind wunderschöne Aktivitäten an einem Kindergeburtstag oder einem Nachmittag mit Freunden.
Kennen die Kinder alle Sträucher, die in diesem Lied beschrieben werden? In Büchern oder im Internet lassen sich die Abbildungen für die einzelnen Sträucher und ihre Früchte leicht finden. Das ist wichtig, damit sich die Kinder den Kopfschmuck gut vorstellen und gestalten können.
Während die Kinder basteln, können sie das Lied hören und sich überlegen, wie sie dazu tanzen wollen.

Material:

- Tonpapier
- Lineal
- Bleistift
- Schere
- Tacker
- Alleskleber

So geht's:
Auf dem Tonpapier einen Streifen von ca. 6 cm aufzeichnen und ausschneiden. Um den Kopf des Kindes legen und entsprechend kürzen. Die Enden übereinander legen und mit dem Tacker fest machen.
Die Kinder haben besprochen, welchen Strauch sie darstellen wollen. Jetzt zeichnen sie die entsprechende Blüte oder die Frucht auf einen Tonpapierrest und schneiden ihn aus. Er wird dann auf den Ring geklebt, den das Kind schon hergestellt hat.
Anschließend hören die Kinder das Lied noch einmal und besprechen eine Choreographie.
Und jetzt beginnt das Tanzen!
Bestimmt schauen sich die Eltern beim Abholen den Tanz an!

Duftkissen

Wer mag den Geruch von Holunder- und Lavendelblüten?

Material:

- Stofftaschentuch
- Nähnadel und -Garn
- getrocknete Holunder- und Lavendelblüten

So geht's:
Das Stofftaschentuch auf der linken Seite ringsum bis auf ein kleines Stück zusammennähen. Wenden. Mit Lavendelblüten füllen, die restliche Naht zusammen nähen.
Das Duftkissen neben das Kopfkissen legen. Es duftet und hilft beim Einschlafen.

Resilienzförderung

Kinder stark machen- genau das steckt hinter dem Begriff „Resilienzförderung". Kinder sollen sich zu starken, aktiven Menschen entwickeln, die mit belastenden Situationen umgehen können, sie bewältigen und ihr Leben aktiv gestalten.
Es geht dabei nicht darum, die Schwächen des Kindes unter den Teppich zu kehren. Es geht darum, die Ressourcen der Kinder zu nutzen, um die Schwächen zu schwächen und ihnen Strategien an die Hand zu geben, schwierige Situationen zu meistern, nicht an Ihnen zu zerbrechen. (Wustmann)
Das Kind soll hauptsächlich präventiv unterstützt werden, indem seine Stärken und Fähigkeiten betont werden.
In vielen Kindergärten werden präventiv regelmäßig Resilienztrainings durchgeführt und Teile des Programms im Alltag gelebt. Unterstützend hierzu sind Elternkurse, die an den Kinderkurs angelehnt sind.
Den Blickwinkel ändern ist das zentrale Thema bei der Resilienzförderung, weg von den Defiziten hin zu den Ressourcen. Eltern werden durch diese Haltung die eigene Sichtweise reflektieren und dem Kind in seiner Gesamt-Entwicklung Hilfestellung anbieten. Insbesondere werden folgende Kompetenzen positiv verstärkt:

- Selbstwahrnehmung der eigenen Bedürfnisse
- Selbstvertrauen
- soziale Kompetenz und
- Problemlösung
- Umgang mit Stress

Kinder stark machen

Text: K. Bucher; Musik: Stephen Janetzko; CD "Früchte Früchte Früchte"

Tempo: ca. 180

2. Wie oft wird ein Kind belogen, steht am Abgrund ganz allein.
Kinder brauchen keine Drogen! Starke Kinder sagen: Nein!
Kinder können Brücken bauen über Grenzen dieser Welt.
Kinder wolln in Herzen schauen, wo für sie die Liebe zählt. *Refrain.*

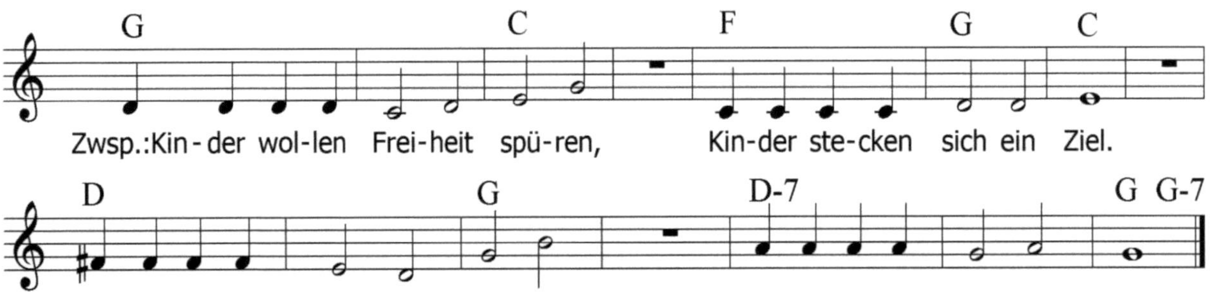

Refrain.

Der verzauberte Luftballon

Es erfordert für manche Kinder recht viel Mut, vor den anderen Kindern zu zaubern!

Material:

- ein aufgeblasener Luftballon
- Tesafilm
- Stecknadel

So geht's:
Auf den Luftballon wird im oberen Drittel (damit die Zuschauer es nicht so leicht sehen können) ein Stückchen Tesafilm geklebt. Die Zuschauer wissen dies natürlich nicht, sie sehen nur den aufgeblasenen Luftballon.
Ein Zuschauer bekommt die Stecknadel und testet, ob sie wirklich spitz ist. Dann steckt sie der Zauberer an der Stelle in den Luftballon, auf die ein Stück Tesafilm geklebt wurde. Die Nadel verschwindet im Ballon – er platzt erstaunlicherweise nicht.
Möchte ein anderes Kind dieses Zauberkunststück nachmachen, dann muss es gewarnt werden. Bei ihm platzt der Luftballon natürlich.

Geschichte zum Weitererzählen

Anna ist sechs Jahre alt. In ein paar Wochen darf sie endlich in die Schule gehen. Anna freut sich riesig darauf. Endlich lesen lernen! Endlich alle Bücher selbst lesen! Anna ist nämlich eine richtige Leseratte, auch wenn sie nur die Bilder anschauen kann. Aber wenn Mama und Papa zuhause oder Julia im Kindergarten vorlesen, dann merkt sie sich die Geschichte sehr gut.
Und später schaut sie sich die Bilder an und erzählt sich selbst die Geschichte dazu. Das macht ihr riesigen Spaß!
Ihrem Freund Fritz hat Anna erzählt, dass sie schon lesen kann. Und als Beweis liest sie ihm jeden Tag im Kindergarten eines der Bilderbücher vor. Fritz schaut sie manchmal etwas skeptisch an, aber Anna kennt alle Bücher so gut, dass er ihr am Ende doch glaubt.
Eines Morgens bringt Julia, die Erzieherin, ein neues Buch mit.
„Hey, Anna, lies mir das vor!", fordert Fritz sie auf. „Guck mal, da ist ein Schwimmbad

vorne drauf. Da springt gerade ein Kind hinein. Wie heißt das Mädchen? Kommt, lies mal vor."
Jetzt sitzt Anna in der Klemme. Sie kennt das Buch nicht. Sie kann nicht so tun, als wenn sie lesen könnte. Soll sie Fritz beichten, dass sie ihn die ganze Zeit über angelogen hat? Nein, das schafft sie nicht. Anna schlägt das Buch auf und betrachtet die erste Seite. Wenn sie das ganze Buch anschauen könnte, dann würde ihr bestimmt eine Geschichte dazu einfallen. Also muss sie Fritz ablenken.
„Du, Fritz, ich lese es später. Ich habe jetzt tüchtigen Hunger. Kommst du mit, frühstücken?"
„Gute Idee, ich habe was Leckeres dabei. Nachher liest du mir das aber vor, ja?"
„Na klar, aber erst essen." Anna ist erleichtert. Das wäre geschafft. Vielleicht kann sie schnell essen und dann heimlich das Buch anschauen, während Fritz noch isst? Oder sie kann ihm ein tolles Spiel vorschlagen?

Was denkst du, wie die Geschichte ausgeht?
Was würdest du machen, wenn du Anna wärst?

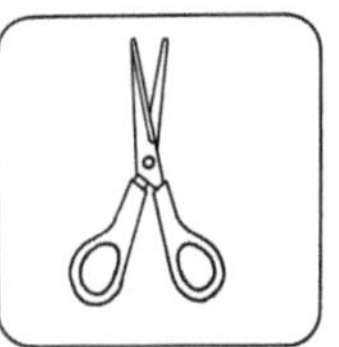

Naturbild herstellen

Ein großer Bilderrahmen mit vielen gesammelten Schätzen fürs Freie.

Material:
- 4 gerade Stöcke, etwa gleich lang
- festes Garn
- Schere

So geht's:
Die Stöcke mit Garn zu einem Bilderrahmen zusammen binden. Mit dem Garn ein Gitter kreuz und quer über den Rahmen wickeln. Dabei das Garn zwischendurch immer wieder verknoten. Den Rahmen an einem Ast aufhängen.
Die Kinder erhalten die Aufgabe, alles zu sammeln, was ihnen in der Umgebung gefällt. Das können schöne Blüten sein, ein Stück Rinde, ein bizarrer Zweig, eine Feder... Diese Schätze werden so in das Gitter hinein gesteckt, dass sie nicht heraus fallen können. Zuhause bekommt das Bild einen trockenen Platz im Freien.

Memory: Unterwegs in der Natur

Irgendwann möchten Kinder nicht mehr weiterwandern. Sie haben Hunger und Durst, die Füße tun weh. Nach dem Essen muntert ein Memory sie wieder auf. Nehmen Sie dazu ein paar Trinkbecher mehr mit.

Material:

- Decke
- Trinkbecher
- Material aus der Umgebung: je zwei gleiche Blätter, Eicheln, Blüten...

So geht's:
Die gefundenen Schätze auf der Decke verteilen und jeweils mit einem Trinkbecher abdecken.
Gespielt wird nach den Memory- Regeln.

Mikado für Unterwegs

Gibt es in der Umgebung ein paar recht gerade Stöcke? Die Kinder werden sich bestimmt gern auf die Suche machen.

Material:

- gerade Stöcke

So geht's:
Einen Platz suchen, an dem der Untergrund ziemlich eben ist. Die Kinder gehen einen Schritt zur Seite.
Ein Erwachsener nimmt die Stöcke zu einem Bündel zusammen und lässt sie fallen.
Die Aufgabe besteht nun darin, einen Stock aus dem wirren Stöckeberg zu ziehen, ohne dass ein anderer wackelt. Wackelt der Berg aber, so kommt ein anderes Kind an die Reihe.
Gewonnen hat, wer die meisten Stöcke heraus ziehen konnte.

Namens- Stein an die Wohnungstür

Eine Geschenkidee zu Geburtstagen, zur Wohnungseinweihung...

Material:

- ein großer Stein
- Bürste
- Flüssigfarben
- dicker Filzstift
- Klarlackspray

So geht's:
Den Stein gut abbürsten und abtrocknen. Mit der Flüssigfarbe erste eine Seite, dann die andere bemalen. Zwischendurch trocknen lassen.
Den Namen mit dickem Filzstift schreiben.
Zum Schluss im Freien ringsum mit Klarlackspray besprühen.

Heut ist ein schöner Tag

Text: Andrea Lederer; Musik: Stephen Janetzko; CD "Früchte Früchte Früchte"

Refrain: Heut ist ein schöner Tag...

2. Im grünen Gras, da raschelt es.
Ein Käfer grüßt mich nett.
Und jagt mich, so ganz ohne Stress
aus meinem grünen Bett.

Refrain: Heut ist ein schöner Tag...

3. Ich springe an den kleinen Bach
und hüpfe auf den Stein.
Erschrickt ein Frosch, hopst nun hellwach
hui, in das Wasser rein.

Refrain: Heut ist ein schöner Tag...

4. Ich pflücke einen Löwenzahn
und puste ihn ganz leer.
Da fliegen viele Fallschirmchen
noch lang neben mir her.

Refrain: Heut ist ein schöner Tag...

Pflanzen kennen lernen

Wer seinen Speisezettel mit vielen wilden Kräutern ergänzen möchte, muss diese gut kennen. Kinder sind dabei sehr interessiert und wissbegierig. Natürlich müssen sie wissen, dass es auch giftige Pflanzen. Daher darf nur das gegessen werden, was ein Erwachsener kennt und geprüft hat.
Auf einfache Weise können Kinder die verschiedenen Urkräuter kennen lernen, wenn sie diese pflücken, genau anschauen, pressen und in ihrem eigenen „Urkräuterbuch" einkleben.

Pflanzen pressen

Auch im Winter ist es schön, wenn ein Kind ein Buchenblatt anschauen kann. Das ist dann möglich, wenn es getrocknet und aufgeklebt wurde.
Die einfachste Art, Pflanzen zu trocknen, besteht darin, sie zu pressen. Das geht ganz einfach, wenn man sie zwischen schwere Bücher legt.

Material:

- Löschpapier aus Schulheften
- Zeitungspapier
- schwere Bücher

So geht's:
Die Pflanzen ohne zu drücken und möglichst schnell nach dem Pflücken nach Hause bringen, damit sie nicht welk werden.
Eine Lage Zeitungspapier auslegen. Ein Blatt Löschpapier darauf legen. Die Pflanze so darauf ausbreiten, dass man ihre typischen Erkennungsmerkmale sehen kann. Mit einem weiteren Blatt Löschpapier abdecken. Ein paar Zeitungspapierblätter darauf legen.
Den ganzen Packen zwischen schwere Bücher legen. Nach ein bis zwei Tagen vorsichtig abdecken, zwischen frisches Papier legen und noch ein paar Tage pressen.
Bis zum Aufkleben eventuell in einem Schuhkarton zwischen Papierbogen trocken aufbewahren.

„Urkräuterbuch" anlegen

Die gepressten Pflanzen sollen nun ansprechend aufgeklebt werden. Für den Gebrauch durch Kinder sollte das Buch recht stabil sein. Es bietet sich deshalb an, die Seiten mit den aufgeklebten Pflanzen zu laminieren. So können die Kinder die Pflanze gut betrachten, ohne sie durch Drücken zu beschädigen. Natürlich ist ein direkter Kontakt durch die Folie nicht möglich, Härchen an Stängeln können z. B. nicht gefühlt werden.

Material:

- Papier DIN A4
- eventuell buntes festes Papier für die Deckblätter
- Laminiergerät und – folie
- Tesafilm oder transparente Klebefolie
- Locher
- Ordner oder Hefter
- ein Rest Baumwollgarn oder Wolle
- Schere
- Bleistift

So geht's:
Die Pflanzen auf ein Blatt Papier legen. Den Namen der Pflanze auf das Blatt schreiben (das übernimmt bei einem Kind im Vorschulalter der Erwachsene).
In die Laminierfolie legen und laminieren. Schön sind auch bunte Deckblätter, die ebenfalls laminiert werden.
Alle Blätter lochen. Entweder in einem Ordner oder einem Hefter sammeln. Oder eine Kordel drehen und die Blätter auffädeln.

Kordel drehen

So geht's:
Die gewünschte Länge abmessen und die fünffache Länge vom Baumwollgarn abschneiden. Das Band zusammenknoten und über eine Türklinke hängen. Das Kind geht so weit rückwärts, bis das Band gespannt ist.

Den Bleistift in das Band stecken. Zeigen Sie dem Kind, wie es den Bleistift immer nur in einer Richtung drehen soll. Wenn das Band gut gedreht ist, den Bleistift heraus nehmen und die Schleife über die Türklinke stecken. Wenn Sie nun das Band nach unten ausstreichen, ist die Kordel fertig.
Alle Fäden unterhalb der Stelle, wo sie an der Türklinke hingen, zusammen knoten und die Reste abschneiden.

„Urkräuterbuch" mit Fotos

So geht's:
Wer ein besonderes „Urkräuterbuch" anlegen will, fotografiert die Pflanzen und druckt das Foto klein auf ein Blatt Papier. Den Namen der Pflanze gleich dazu schreiben und alles ausdrucken.
Die gepresste Pflanze wird anschließend dazu geklebt.

Ausflug zu einem Bach

Oft ist ein Ausflug zu einem Bach mit Kindern ergiebiger als ein Zoobesuch. Besonders dann, wenn es heiß ist, lädt das Wasser zu herrlich nassen Spielen ein. Und was gibt es am Bach nicht alles zu entdecken! Je nach Jahreszeit verschiedene Pflanzen und Tiere, glitschige Steine, Äste mit Moos und kleine Wasserstrudel.
Bei starkem Frost sind es Eiszapfen und bizarre Eisfiguren am Rand des Baches.

Brücke bauen

Der Bach will trockenen Fußes überwunden werden – und das geht oft nur, indem man eine Brücke baut.

Schlängelt sich der Bach durch einen Wald, dann sind in der Nähe sicher viele Äste zu finden.

So geht's:
Viele Äste sammeln und über den Bach legen. Sie sollen neben- und übereinander liegen. Mit einem Fuß ausprobieren, ob die Brücke stabil liegt.
Wer traut sich, über diese Brücke zu gehen?

Wasser – Stafette

Material:

- so viele Trinkbecher, wie Kinder mitspielen
- zwei gleiche Sandeimer

So geht's:
Die Kinder bilden zwei Mannschaften und stellen sich in zwei Reihen hintereinander an eine seichte Stelle des Baches.
Auf ein Zeichen beginnen sie, Wasser aus dem Bach zu schöpfen. Sie schütten dieses in den Trinkbecher des Kindes hinter sich, dieses gibt es wieder weiter bis zum letzten Kind. Dieses schüttet das bei ihm angekommene Wasser in den Eimer. Wer hat das meiste Wasser?

So kann es weiter gehen:
Das erste Kind nimmt das Wasser mit einer Schöpfkelle aus dem Bach und gießt es in den Becher des hinter ihm stehenden Kindes. Oder sie nehmen eine Hand zum Schöpfen und benutzen die andere zum Ausbalancieren.

Flippen

Material:
für jedes Kind mehrere flache Steine

So geht's:
Jeweils zwei Mitspieler stellen sich seitlich zum Bach nebeneinander auf. Sie werfen einen Stein seitlich aus der Hüfte heraus. Schaffen sie es, dass der Stein über das Wasser springt?

Rindenschiffchen basteln

Schulanfänger schneiden und basteln gern mit einem Taschenmesser. Nach einer ausführlichen Anleitung ist dies auch gut möglich.

Material:

- Taschenmesser
- Rindenstück
- gerader Zweig
- großes Baumblatt oder ein Stück Papier
- eventuell Kaugummi

So geht's:
Ein Stück Rinde von einem gefällten Baum abschälen. Eventuell etwas zuschneiden. In die Mitte eine Vertiefung bohren. Den Zweig als Segel durch ein großes Blatt von einem Baum oder durch ein Stück Papier schieben. Auf dem Schiffchen festmachen.
Wenn das Segel durch das Rindenstück gesteckt ist, kann Wasser eintreten. Vielleicht dichtet ein Stück Kaugummi die Stelle ab?
Welches Schiffchen fährt am weitesten?

Schiffe- Wettrennen

So geht's:
Zwei Kinder setzen ihr Schiff nebeneinander ins Wasser (Vorsicht, nicht hinein purzeln).
Dabei sollen beide in Fließrichtung des Baches liegen.
Auf ein Kommando lassen beide ihr Schiff los. Welches fährt am weitesten?

Farbenspiel

Die Kinder haben sich beim Spielen tüchtig bewegt. Jetzt mögen sie bestimmt gern ein Spiel, bei dem man gemütlich im Gras sitzen kann.
„Ich sehe was, was du nicht siehst, und es ist blau." So beginnt das alte, und immer wieder schöne Spiel.

So geht's:
Ein Kind sieht sich um und sucht einen Gegenstand, dessen Farbe es benennen kann. Vielleicht eine blaue Blüte? Oder vielleicht Antonias rosa Hütchen?
Wer das Rätsel erraten hat, sieht sich nach einem Gegenstand um und stellt eine neue Frage.

Schubkarrenlauf

Ein Spiel für einen weichen Untergrund, wie z. B. auf einer Wiese. Idealerweise üben die Kinder zuerst alleine, bis ein Wettkampf stattfinden kann.

So geht's:
Ein Kind ist die Schubkarre, das andere will mit der Schubkarre fahren.
Das erste kniet sich auf den Boden und stützt sich auf die Hände.
Das andere nimmt die Beine des Kindes in die Hand und geht langsam mit, während das andere auf den Händen läuft. Das ist gar nicht so einfach!

Traumreise

Wer mag gern eine Traumreise machen?
Die Kinder legen sich dazu auf eine weiche Unterlage und hören zu. Die folgende

Traumreise können Sie vorlesen, eventuell begleitet mit leiser meditativer Musik. Lesen Sie jede Zeile und machen Sie dann eine kleine Pause. So haben die Kinder Zeit, sich auf das Gesagte einzulassen.

Lege dich jetzt gemütlich hin.
Wenn du möchtest, dann schließe jetzt deine Augen.

Stell dir vor, du liegst auf einer Wiese.
Die Sonne scheint angenehm warm. Ihre Strahlen streicheln deine Haut.
Du fühlst dich wohl.
Es ist ganz still. Nur das leise Summen der Insekten um die Blüten ist zu hören.
Du fühlst, wie dein Körper auf der Wiese aufliegt. Dein Kopf, dein Rücken, dein Po, deine Beine liegen im Gras.
Du bist ganz entspannt.
Deine Beine sind ganz schwer.
Dein Körper ist ganz schwer.
Deine Arme sind ganz schwer.
Dein Kopf ist ganz schwer.
Es tut gut, hier zu liegen.
Ein weicher Wind streicht über dich. Du fühlst ihn in deinem Gesicht, auf deinen Armen und auf deinen Beinen.
Das tut gut.
Auf einmal hörst du das Zwitschern eines Vogels. Es ist ein fröhliches Lied, das er dir singt. Du freust dich darüber.
Aus der Ferne hörst du den Kuckuck rufen. Auch er freut sich, dass das Wetter heute so schön ist.
Du genießt es, hier auf der Wiese zu liegen und zu lauschen.
Du bleibst noch ein bisschen liegen.

Langsam beenden wir die Reise.
Du kommst wieder hier in diesem Raum an.
Du atmest ein paar Mal tief ein und aus.
Dann räkelst und streckst du dich wie eine Katze.
Jetzt rollst du dich langsam zur Seite.
Wenn du möchtest, kannst du jetzt die Augen öffnen und noch ein bisschen liegen bleiben.
Dann setzt du dich auf deine Matte und bist hellwach.

Ich wünsche mir so sehr

Text und Musik: Angelina Göcke; Bearbeitung: Stephen Janetzko; CD "Früchte Früchte Früchte"

2. Den Frieden wünsch' ich mir, das Glück sei überall.
Die Kinder dieser Erde sollen alle glücklich werden.
Diese Erd' ist uns gegeben, wir sollen glücklich sein,
auf sie achten und sie lieben, sie beschützen und vertrauen.

3. Ich schaue in den Himmel, da fliegt 'ne weiße Taube.
Mein Herz ist voller Freude, und ich kann euch nur sagen:
Ich wünsche mir so sehr, dass sich die Welt verändern kann.
Keinen Hass und keine Kriege, nur Blumen überall.

Girlande aus Papier

Eine schöne Tischdekoration ist eine Papiergirlande aus vielen Kindern, die sich an der Hand halten.

Material:

- großer Bogen Malpapier
- Bleistift
- Butterbrotpapier
- Schere

So geht's:
Das Butterbrotpapier auf die Schablone legen, abpausen und ausschneiden. Auf das Papier legen und nachzeichnen. Ausschneiden.
Soll die Girlande länger sein, mehrmals ausschneiden und aneinander kleben.
Das Gemeinsame und die Andersartigkeit von Kindern werden betont, wenn buntes Geschenkpapier verwendet wird.

Nachtwanderung

Eines der schönsten Erlebnisse für Kinder ist eine Nachtwanderung! Besondere Freude macht es, wenn weitere Familien mitmachen. Vielleicht gehen die Mamas/Papas mit den Kindern, während die Papas/Mamas und eventuell kleinere Geschwister am Zielort ein Feuer anmachen und dort ein gemütlicher Ausklang, eventuell mit einem Essen und einem Spiel, stattfindet.

Material:

- wettergerechte Kleidung
- gute Schuhe
- Taschenlampe
- Material für das Feuer
- kleine Mahlzeit
- Wasser zum Löschen des Feuers

So geht's:
Suchen Sie sich eine Strecke aus, die Ihnen bekannt ist oder gehen sie zuvor eine Strecke ab.
Rechnen Sie damit, dass einzelne Kinder in der Dunkelheit Angst bekommen. Bestimmt werden diese dann an der Hand von Mama oder Papa gehen wollen. Was sehr gut gegen Angst hilft: singen Sie laut. Damit werden unbekannte und Angst machende Geräusche überdeckt. Oder hüpfen Sie ein Stück. Auch dies lenkt Kinder ab und beruhigt sie.

Leuchtende Wege
Eine besondere Strecke entsteht, wenn Sie vor der Wanderung kleine Markierungen aus Alufolie an Bäumen und Sträuchern anbringen. Kommen Sie mit den Kindern in die Nähe, dann leuchten diese im Schein der Taschenlampen.

Material:
- Alufolie
- Garnreste oder Draht
- Schere oder Drahtschere

So geht's:
Aus der Alufolie Stücke in der Größe von etwa DIN A5 reißen oder schneiden. Mit dem Garn oder Draht an Äste oder Stämme von Bäumen oder Sträuchern am Wegrand fest machen.
Wer eines als erster sieht, darf es abmachen und mitnehmen.

Geschmacks- Spiel am Feuer

Sind alle von der Wanderung zurück, dann ist der Hunger sicher groß. Wer mag nach dem Essen im Schein des Feuers ausprobieren, ob er Obst und Gemüse am Geschmack erraten kann?

Material:
- verschiedene Obst- und Gemüsesorten
- Küchenmesser
- Teller

- Feuchttücher

So geht's:
Obst und Gemüse eventuell schälen und in mundgerechte Stücke schneiden.
Wer mitspielen möchte, schließt die Augen. Er bekommt ein Stückchen in seine flache Hand und probiert. Kann er erraten, was er gerade probiert hat?
Kinder, die bestimmte Sorten nicht mögen, bekommen diese natürlich nicht!

Postkarte zum Verschicken

Eine schöne Erinnerung von der Nachtwanderung ist eine Postkarte. Sie wird am Feuer bemalt und geschrieben und auf dem Heimweg in den Briefkasten gesteckt.

Material:

- Blanko- Postkarte
- Wachskreide
- Kugelschreiber
- Briefmarken

So geht's:
Jedes Kind erhält eine leere Postkarte und Wachskreide. Es bekommt die Aufgabe, das Obst oder Gemüse zu malen, das ihm eben am besten geschmeckt hat. Das kann bei jüngeren Kindern ein oranges Gekritzel sein, das sie selbst als „Melone" titulieren.
Wer soll die Postkarte bekommen? Die Erwachsenen schreiben die Adresse und einen von den Kindern diktierten Text auf die Karte, das Kind klebt die Marke darauf.
Vielleicht führt der Heimweg an einem Briefkasten vorbei?

Teller für ein Obstgeschenk

Obst kann man natürlich in einer Tüte verschenken. Viel schöner ist aber ein selbst gemachter Teller, auf den die Früchte drapiert werden.

Material:

- Zeitungspapier
- Schere
- großer Teller
- angerührter Tapetenkleister
- Butterbrotpapier
- Flüssigfarbe
- Pinsel
- Klarlack

So geht's:
Ein Stück Zeitungspapier etwas größer als den Teller ausschneiden und hinein legen. Mit Tapetenkleister bestreichen.
Das Zeitungspapier in Streifen von etwa 5 cm schneiden.
Diese dicht an dicht auf die erste Lage Zeitungspapier legen. Mit Kleister bestreichen.
Die nächsten Streifen im rechten Winkel darauf legen, mit Kleister bestreichen und dabei immer wieder fest drücken.
Nach 12- 15 Schichten noch etwa 4-5 Lagen Butterbrotpapier darauf legen, ebenfalls gut mit Tapetenkleister einstreichen und fest drücken.
Mit der Schere einmal am Tellerrand entlang schneiden. Den Rand noch einmal mit Kleister bestreichen und alle Lagen fest zusammen drücken.
Auf dem Teller gut durchtrocknen lassen.
Mit Flüssigfarbe bemalen, trocknen lassen und anschließend lackieren.

Tipp

Ganz persönlich wird der Teller, wenn er mit dem Namen des Empfängers beschrieben wird, mit seinen Lieblingsblumen oder dem Lieblingsobst bemalt wird.

Rinde ertasten

Dieses Spiel lässt sich gut in einem Park oder in einem Wald durchführen, wenn mehrere recht große Bäume an einem Platz zusammen stehen.

Material:

- Tuch oder Schlafmaske aus dem Flugzeug

So geht's:
Ein Kind bekommt die Augen verbunden oder schließt sie. Es wird zu einem Baum geführt. Dort fühlt es die Rinde.
Anschließend wird es ein Stückchen weg geführt und im Kreis gedreht.
Kann es ohne Augenbinde sagen, welche Rinde es gefühlt hat?

Lesezeichen

Lesezeichen sind ein sehr beliebtes Geschenk! Passend zum Lied entsteht eine Taube oder eine Blume.

Material:

- dunkler Tonpapierrest
- Lineal
- Bleistift
- Schere, eventuell Papierschneidemaschine
- Deckweiß oder Wasserfarbe
- Pinsel
- Laminiergerät und –folie
- Locher
- Wollrest
- Schere

So geht's:
Aus dem Tonpapier ein rechteckiges Stück in den Maßen von 10 x 5 cm ausschneiden.
Eventuell eine Papierschneidemaschine verwenden.
Eine Taube recht dünn mit Bleistift aufzeichnen. Mit Deckweiß ausmalen.
Oder eine Blume mit Bleistift aufzeichnen und mit sehr dick angerührter Wasserfarbe malen. Trocknen lassen.
Eventuell laminieren.
An der Unterkante in der Mitte mit dem Locher ein Loch einstanzen.
Mehrere Stücke von der Wolle abschneiden. Sie sollen etwa 20 cm lang sein. Doppelt nehmen. Die Schlaufe durch das Loch stecken und die restliche Wolle durchziehen.

Liebe Sonne, liebe Erde

Text: Christian Morgenstern, Schlussbearb. von Stephen Janetzko; Musik: Stephen Janetzko;
CD "Früchte Früchte Früchte" © Edition SEEBÄR-Musik Stephen Janetzko, www.kinderliederhits.de

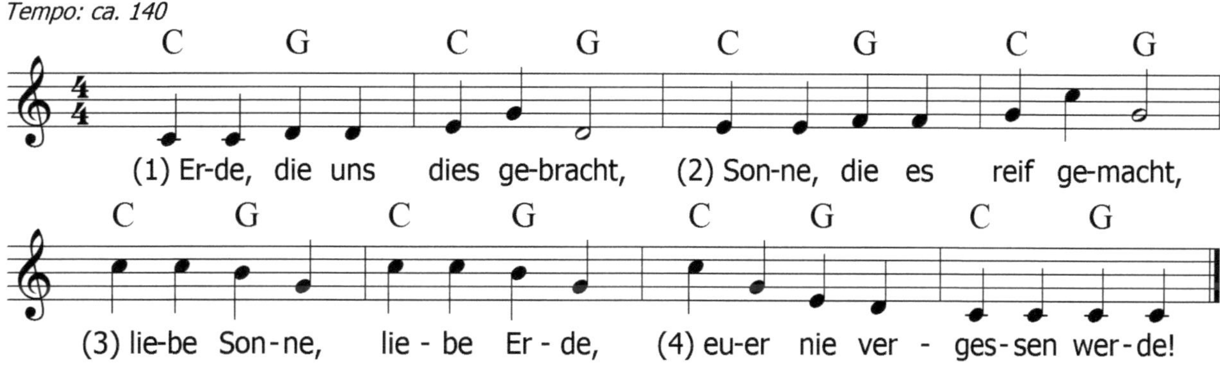

Schluss oder (5):

Hinweis: Zu Erntedank oder als einfaches Tischlied. Wenn wir den Kanon zu Tisch singen, können wir gemeinsam mit "Guten Appetit!" enden.

Fingerspiel: Die Sonne

Groß ist die Sonne,
hell und warm ihr Schein,
keiner möchte ohne Sonne sein.
Da kommt die große dicke Wolke und hat sie zugedeckt.
Doch schon ruft sie: " Da bin ich -
hab mich nur versteckt"
(Überlieferung)

Spielweise:
Eine Hand ist mit gespreizten Fingern die Sonne, die andere ist die Wolke. Diese schiebt sich vor die Sonne, bis sie wieder hinter der Wolke hervor kommt.

Sonne aus Klebefolie

Die Sonne leuchtet an einem Fenster.

Material:

- Klebefolie in Gelb
- gelbe Wolle
- Schere
- festes Garn
- Nähnadel

So geht's:
Von der Klebefolie ein Stück abschneiden, das so groß ist, wie die Sonne werden soll. Zwei gleich große Kreise aufzeichnen und ausschneiden. Einen Kreis mit der Schutzschicht nach oben hinlegen und diese abziehen. Wollfäden in Stücke schneiden und als Sonnenstrahlen auf die Folie legen. Hat die Sonne genug Strahlen, die Folie vom zweiten Kreis abziehen, diesen exakt auflegen und fest drücken.
Mit einer Nähnadel ein Stück festes Garn zum Aufhängen durch die Sonne ziehen.

T-Shirt mit Sonnenmotiv

Kinder lieben ein selbst bemaltes T- Shirt.

Material:

- Shirt in hellem Farbton
- Zeitungspapier
- Stoffmalfarbe
- Pinsel

So geht's:
Das Shirt auf eine Zeitung legen. Eine dicke Zeitung glatt zwischen die beiden Stofflagen einlegen, damit die Farbe nicht auf die Rückseite durchdrückt.

Den Handrücken des Kindes mit Stoffmalfarbe anmalen und als Sonne auf den Stoff drücken. Die Hände waschen.
Jetzt den Zeigefinger des Kindes mit Farbe bemalen. Die Strahlen mit dem Finger rund um den Mittelpunkt der Sonne drucken. Nach jedem Druck wieder Farbe auf den Finger malen. Trocknen lassen. Nach Anleitung auf der Stoffmalfarbe bügeln.
Schön ist es auch, wenn das Kind seinen Namen auf das Shirt schreibt. Vielleicht muss hierbei ein Erwachsener helfen.

Bedruckte Tischdecke oder Baumwollbeutel

Material:

- weiße Tischdecke oder Baumwollbeutel
- Zeitungspapier
- gelbe Fingerfarbe

So geht's:
Unter die Tischdecke eine Lage Zeitungspapier ausbreiten. Eine Hand des Kindes mit gelber Fingerfarbe anmalen. Die gedruckte Sonne entsteht, wenn auf den ersten Handabdruck weitere Drucke folgen. Dabei dreht das Kind die Hand so, dass durch die Finger die Strahlen der Sonne entstehen.
Nach Wunsch können viele Sonnen als Bordüre am Rand gedruckt werden, oder sie verteilen sich auf der Tischdecke.
Trocknen lassen und von links bügeln.
Den Baumwollbeutel eventuell beidseitig mit einer Sonne bedrucken.

Waldsofa bauen

Ein Waldsofa ist schnell gebaut. Es lädt zum Ausruhen und Erzählen ein und ist ein idealer Platz für eine kleine Zwischenmahlzeit.

Material:

- kleine Äste und Zweige

- eventuell große Stoffreste und Decken

So geht's:
Viele Äste und Zweige suchen und in einem kleinen Kreis etwas abseits des Weges auf den Boden legen. Dabei dicke und dünne Äste übereinanderlegen, wie sie eben gefunden werden. Alles ringsum so hoch aufschichten, dass die Kinder bequem sitzen können.
Beim nächsten Besuch hat sich das Sofa vielleicht etwas gesenkt. Jetzt kann es mit ein paar Ästen und Zweigen erhöht werden.
Wer mag, nimmt sich ein paar große Stoffreste oder Decken mit und legt sie auf die Sitzfläche des Waldsofas.

Landschaft im Schuhkarton

Material:

- Schuhkarton
- Schere
- Flüssigfarbe
- Pinsel
- Prickelnadel
- Unterlage
- Heu
- Moos
- trockene Grasbüschel
- event. Taschenlampe

So geht's:
In beide schmalen Seiten des Schuhkartons ein Loch schneiden. Die Innenseiten gelb anmalen, den Boden braun. Mit der Prickelnadel ein paar Löcher in den Deckel stechen, damit Licht von oben einfallen kann. Den Deckel innen ebenfalls gelb anmalen.
Auf den Boden Heu, Moos und trockene Grasbüschel kleben. Den Deckel auflegen.
Diese Landschaft kann von der gebastelten Schnecke bewohnt werden. Wenn man sie durch das hintere Loch bewegt, kann man von vorn zusehen, wie sie in die Landschaft schaut, wie sie über seine Wiese läuft oder wie sie in der Sonne liegt und träumt.
Besonders hell strahlt die Sonne, wenn man mit einer Taschenlampe durch die Löcher im Deckel leuchtet.

Gefilzte Schnecke für den Schuhkarton

Material:

- Filzwolle
- Seife
- heißes Wasser
- wasserdichte Unterlage
- leeres Schneckenhaus
- Alleskleber

So geht's:
Aus der Filzwolle zwei Stränge heraus zupfen. Beide sollen etwa gleich lang und gleich dick sein.
Nacheinander filzen: mit heißem Wasser nass machen. Kräftig über die Seife reiben, die Wolle soll schön eingeseift sein. Immer wieder über die Unterlage rollen und klopfen, in heißem Wasser ausdrücken, wieder über die Seife wollen usw. Das geht so lange, bis die Filzwolle richtig gut verfilzt ist. Beide fertigen Stränge an einem Ende zusammen nehmen und bis zu einem Drittel zusammen filzen. Trocknen lassen.
Mit Alleskleber so in das Schneckenhaus kleben, dass vorn die zwei Fühler und hinten ein Körper zu sehen sind.

Es tröpfelt

Die Kinder sitzen am Tisch.

So geht's:
Der Erwachsene beginnt zu erzählen:
Am Himmel ziehen dunkle Regenwolken. Der Wind treibt sie vor sich her.
Sie werden immer schwerer und schwerer. Und auf einmal lösen sich die ersten Tropfen aus der Wolke. Es beginnt zu tröpfeln (alle tippen mit den Fingerspitzen seitlich auf ihren Stuhl).
Das Tröpfeln wird stärker (lauter und schneller tippen).
Jetzt kommen dicke Regentropfen (mit der flachen Hand aufpatschen).

Es regnet immer stärker (laut klopfen).
Es regnet immer weiter (weiter klopfen).
Langsam wird es schwächer (leiser klopfen).
Bis es nur noch tröpfelt (mit den Fingerspitzen tippen).
Und schließlich hört es auf (leise sein).
Eben kommt die Sonne hinter der dicken Wolke hervor (eine Hand nach oben recken).
Wir freuen uns, dass wir gleich ins Freie gehen können! (klatschen)

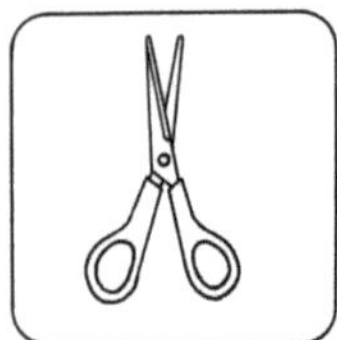

Tastbuch basteln

Ein Buch, das lange Zeit Freude macht. Es kann mit Naturmaterialien wie getrocknetes Moos, Baumrinde, Tannennadeln usw. ergänzt werden.

Material:

- dicke Pappe
- Schere
- Locher
- gedrehte Kordel
- verschiedene Materialien wie Fellrest, Schmirgelpapier, Spiegelfolie, Märchenwolle, Watte, Wellpappe, Filz, Knöpfe, Bänder, Perlen...
- Alleskleber
- Heißkleber

So geht's:
Die Pappe in gleich große Blätter schneiden und lochen. Die Kordel durch die Löcher ziehen und verknoten.
Die verschiedenen Materialien in der Größe passend zuschneiden und auf je eine Seite kleben. Bei manchen Materialien ist es besser, Heißkleber zu verwenden.
Gut trocknen lassen.

Spielweise:
Ein Kind schließt die Augen und blättert im Buch. Dann fühlt es auf einer Seite und versucht zu erkennen, um welches Material es sich handelt. Es öffnet die Augen und schaut nach, ob es richtig gefühlt hat.

Blüte um eine Murmel filzen

Material:

- Filzwolle in zwei Farben
- heißes Wasser
- Seife
- 1 Murmel
- spitze Schere

So geht's:
Einen kleinen Strang aus der Filzwolle heraus zupfen und nass machen. Mit Seife einschäumen. Um die Murmel legen und tüchtig reiben. Die ganze Murmel sollte jetzt in Wolle gepackt sein. Immer wieder nass machen, einschäumen und reiben.
Eine andere Farbe um die Murmel filzen, zum Schluss eventuell die Anfangsfarbe. Das Filzen ist dann zu Ende, wenn die Fasern untereinander total verfilzt sind.
Mit einer spitzen Schere ein Kreuz bis zur Murmel hinein schneiden. Der Filz biegt sich jetzt nach außen und es ergibt sich eine Blüte mit einer Murmel als Blütenboden.
Gut durchtrocknen lassen.

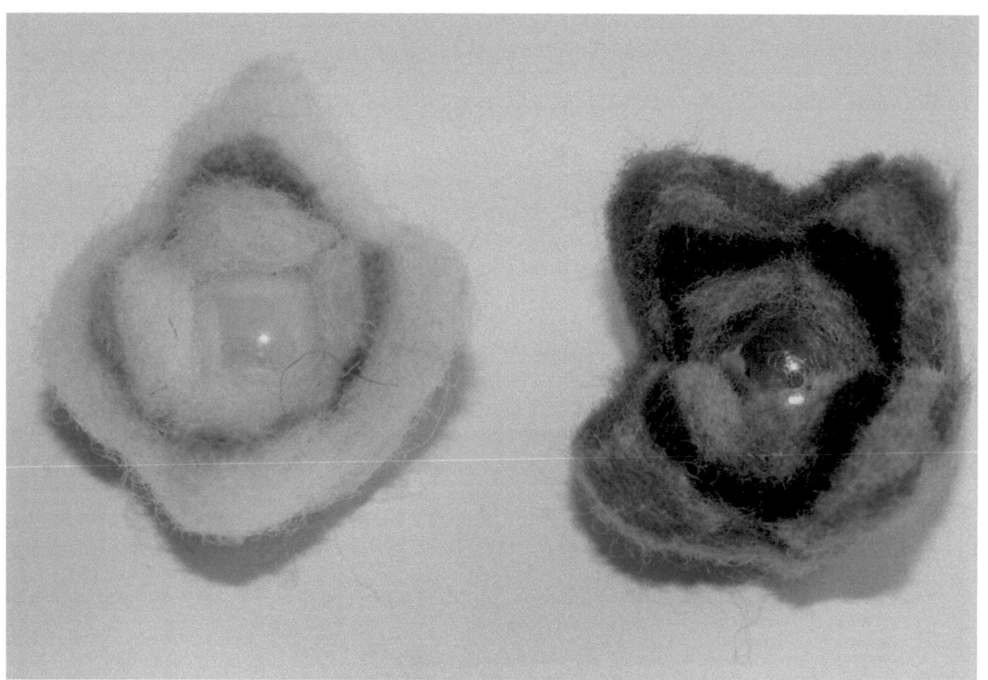

Es tanzt der Bär

Text: Birgit Meyer; Musik: Stephen Janetzko; CD "Früchte Früchte Früchte"

2. Es schleicht im dunklen Wald, bum-bum, ein wirklich schlaues Tier herum, bum-bum.
Es ist rotbraun, sein Fell ist samtig weich. Und wer gut hinsieht, der erkennt es gleich.
Wer jagd sehr gern in Bauers Stall die Hühner und die Häschen all?

Refrain: Es schleicht der Fuchs am Gartentor. Wir schleichen hinterher - er vor.
Ich schleiche immer, immer mehr. Ich schleich dem Bären hinterher.

3. Es fliegt im dunklen Wald, bum-bum, ein grauseliges Tier herum, bum-bum.
Es hat zwar Flügel, und es ist sehr schnell. Doch statt der Federn, da hat es ein Fell.
Es jagd bei Nacht, wenn man es läßt, kopfüber hängt es im Geäst.

Refrain: Es fliegt die Fledermaus umher. Bei Nacht - da seh ich gar nichts mehr.
Ich fliege also immer mehr dem Fuchs, dem Bären hinterher.

Spielanregung: Im Refrain mit dem Bären 4x (****) in die Hände klatschen, mit dem Fuchs 4x die Hände aneinander reiben und "sch-sch-sch-sch" flüstern, und mit der Fledermaus 4x mit den Fingern eure Ohrläppchen von hinten nach vorne flappen und dazu mit hoher Stimme"wi-wi-wi-wi" rufen. Zusätzlich könnt ihr mit dem Bären wild tanzen, mit dem Fuchs schleichen und mit der Fledermaus fliegen.
Aus dem Spiel lässt sich gut ein Bewegungsspiel machen, bei dem drei oder mehr verschiedene Kinder jeweils ein Tier nachahmen. Die anderen raten und machen dann im Refrain wie oben beschrieben mit: Die Bären tanzen in einer Art Tier-Polonäse vorneweg, die Füchse schleichen hinterher, zuletzt fliegen die Fledermäuse usw. Ihr könnt auch noch weitere neue Strophen zu dem Lied erfinden - Welche Tiere fallen euch noch ein, die im Wald leben?

Spielanregung:

Im Refrain mit dem Bären 4x (****) in die Hände klatschen,
mit dem Fuchs 4x die Hände aneinander reiben und "sch-sch-sch-sch" flüstern,
mit der Fledermaus 4x mit den Fingern Eure Ohrläppchen von hinten nach vorne flappen und dazu mit hoher Stimme"wi-wi-wi-wi" rufen.

Zusätzlich könnt Ihr mit dem Bären wild tanzen,
mit dem Fuchs schleichen
und mit der Fledermaus fliegen.

Aus dem Spiel lässt sich gut ein Bewegungsspiel machen, bei dem drei oder mehr verschiedene Kinder jeweils ein Tier nachahmen. Die anderen raten und machen dann im Refrain wie oben beschrieben mit:
Die Bären tanzen in einer Art Tier-Polonäse vorneweg,
die Füchse schleichen hinterher,
zuletzt fliegen die Fledermäuse usw.

Ihr könnt auch noch weitere neue Strophen zu dem Lied erfinden.
Welche Tiere fallen euch noch ein, die im Wald leben?

Bärenmaske aus einem Pappteller

Vor einem Kind, das mit einer kleineren Maske einen Bären spielt, haben auch jüngere Kinder keine Angst!

Material:

- Pappteller
- Flüssigfarbe
- Pinsel
- Hutgummi
- spitze Schere
- Bleistift

So geht's:
Den Pappteller wie das Gesicht eines Bären anmalen und trocknen lassen.
Seitlich rechts und links je ein Loch in den Rand bohren und ein Stück Hutgummi

einknoten. In das andere Loch durchfädeln und die Maske am Kind anprobieren. Die Länge des Hutgummis entsprechend kürzen und das Band fest knoten. Jetzt kann das Kind die Maske anziehen und wieder abnehmen.
Die Maske noch einmal aufsetzen und Löcher für die Augen anzeichnen. Diese ausschneiden.

Tipp

Auf die gleiche Weise entstehen Masken für Füchse, Fledermäuse und andere Tiere entstehen.

Ausgesägter Bär aus Holz als Pflanzensticker

Schulanfänger können mit Hilfe schon gut mit einer Laubsäge umgehen.

Material:

- Sperrholz
- Bleistift
- Schraubzwinge
- Laubsäge
- Schmirgelpapier
- Flüssigfarbe
- Pinsel
- Stöckchen oder schmale Leiste
- Heißkleber

So geht's:
Die Umrisse eines Bären auf das Sperrholz zeichnen. Mit der Schraubzwinge fest machen. Den Bären mit der Laubsäge aussägen. Die Kanten gut entgraten. Nacheinander auf beiden Seiten bemalen und jeweils trocknen lassen. Mit Klarlackspray im Freien auf beiden Seiten lackieren.
Ein kleines Stöckchen oder eine schmale Leiste mit dem Heißkleber an der Unterseite des Bären fest machen. Jetzt kann er zu einer Pflanze gesteckt werden.

Ich zähmte einen Falken

Text: Rolf Krenzer (nach Der von Kürenberg); Musik: Stephen Janetzko; CD "Früchte Früchte Früchte"

2. Ich zähmte einen Falken und sucht´ ein goldnes Band,
das sich fest um den Falken und sein Gefieder spannt´.
Mein wunderschöner Falke, das war mein ganzes Glück.
Er flog hoch in den Himmel und kam zu mir zurück,
er flog hoch in den Himmel und kam zu mir zurück.

3. Ich zähmte einen Falken und band ihm um sein Bein
ein Schnürchen ganz aus Seide, aus Seide musst es sein.
Mein wunderschöner Falke, das war mein ganzes Glück.
Er flog hoch in den Himmel und kam zu mir zurück,
er flog hoch in den Himmel und kam zu mir zurück.

4. Ich trug den stolzen Falken auf meiner linken Hand.
Er stieg von meiner Hand auf und flog weit übers Land
Mein wunderschöner Falke, das war mein ganzes Glück.
Er flog hoch in den Himmel und kam zu mir zurück,
er flog hoch in den Himmel und kam zu mir zurück.

5. Zwei Menschen, die sich mögen, die gehen Hand in Hand,
denn wer sich liebt von Herzen, braucht weder Schnur noch Band.
Mein wunderschöner Falke, das war mein ganzes Glück.
Mein Schatz, wenn du mal fortgehst, dann komm zu mir zurück,
mein Schatz, wenn du mal fortgehst, dann komm zu mir zurück.

Zapfenvogel

Material:

- Zapfen von Kiefern oder Lärchen
- Bucheckern
- Federn
- Alleskleber oder Heißkleber
- Garn
- Schere

So geht's:
Die Bucheckernhülle mit Alleskleber oder Heißkleber (nur für Erwachsene) auf den Zapfen kleben. Das ist der Kopf des Vogels.
Verschiedene Federn am Zapfen fest kleben.
Zum Aufhängen ein Stück Garn am Körper des Vogels ankleben.

Meisenglocke

Kindern macht es große Freude, Vögel zu beobachten. Im Winter bietet sich dazu ein Vogelhaus an.
Viele Vögel werden oft von großen Vögeln, wie zum Beispiel den Amseln, vertrieben. Sie können aber gut turnen und auch kopfüber fressen.
An einer Meisenglocke, die abseits des Vogelhauses aufgehängt wird, finden sie die Möglichkeit, in aller Ruhe zu fressen. Und die Kinder können ihr buntes Treiben und ihre Geschicklichkeit beobachten.

Material:

- 1 kleiner Blumentopf oder eine halbe Kokosnussschale mit einem Loch
- 150 – 200 g Rindertalg vom Metzger
- Löffel
- 1 kleines Stöckchen
- 1 Stück feste Schnur
- 1 dicke Holzperle

- 1 Packung Körnermischung für Vögel

So geht's:
In die Mitte der Schnur knoten wir das kleine Stöckchen ein. Dann die dicke Holzperle einfädeln und die Schnur durch das Loch im Blumentopf oder in der Kokosnussschale ziehen.
Die Holzperle so einknoten, dass beim Ziehen an der Schnur das Stöckchen etwas unterhalb des Töpfchens hängt. Den Topf umdrehen. Die Holzperle deckt nun das Loch im Topf oder der Kokosnussschale ab.
Jetzt den Rindertalg bei geringer Temperatur schmelzen. So viele Körner einrühren, bis die Masse recht dick geworden ist. Alles in den Blumentopf geben und erkalten lassen. Die Meisenglocke an der Schnur in einen Baum hängen.

Meisensterne

Eine andere Möglichkeit, um Meisen zu beobachten, sind Talg-Körnermischungen, die in Förmchen gedrückt und dann aufgehängt werden.

Material:
- Alufolie
- große Ausstechförmchen, z.B. Sterne
- Küchenmesser
- 150 – 200 g Rindertalg vom Metzger
- 1 Packung Körnermischung für Vögel
- Löffel
- Schnur
- Schere

So geht's:
Ein Stück Alufolie ausbreiten und die Ausstechförmchen darauf stellen. Rindertalg erwärmen und so viele Körner hinein rühren, dass eine dicke Masse entsteht. Mit dem Löffel in die Förmchen geben und fest drücken.
Nach dem Erkalten mit dem Küchenmesser ein Loch in den Stern stechen. Ein Stück Garn durchziehen und verknoten.
An einem Ast aufhängen.

Tiere als Schlüsselanhänger

Ein willkommenes Geschenk ist ein Schlüsselanhänger. Er ist praktisch und erinnert jeden Tag an den Schenker.

Material:

- 2 Tassen Mehl
- 1 Tasse Salz
- 1 Tasse Wasser
- Wellholz
- Ausstechförmchen von Tieren
- spitzes Küchenmesser
- Flüssigfarbe
- Pinsel
- Klarlack
- Schlüsselring

So geht's:
Mehl, Salz und Wasser zu einem Salzteig verkneten.
Den Teig auswellen. Mit dem Ausstechförmchen ein Tier ausstechen. Mit dem Küchenmesser oben ein Loch hinein drehen. Im Backofen bei 50° und etwas geöffneter Tür (Kochlöffel hinein stecken) trocknen oder auf einem Kuchengitter etwa 3-4 Tage trocknen lassen.
Ringsum mit Flüssigfarbe bemalen. Nach dem Trocknen lackieren.
Den Schlüsselring durch das Loch ziehen.

Tipp

Wer zu Weihnachten einen Schlüsselanhänger verschenken möchte, verwendet einen Stern, einen Tannenbaum oder eine andere weihnachtliche Form zum Ausstechen.

Maus aus Wabenpapier

Material:

- graues Tonpapier
- schwarzes Wabenpapier
- Borsten von einem Besen oder einem Handfeger
- Stift
- Schere
- Klebstoff

So geht's:
Aus dem Tonpapier ein Oval ausschneiden. Längs zusammen falten. Auf das Wabenpapier legen, mit dem Stift umrunden und ausschneiden.
Das Wabenpapier auseinander falten und auf das Tonpapier kleben. Augen und Schwänzchen ausschneiden und ebenfalls ankleben. Ein paar Borsten vom Besen oder vom Handfeger abschneiden und als Barthaare des Mäuschens aufkleben. Trocknen lassen.

Birnenmaus

Material:

- eine Birne
- Küchenmesser
- gehobelte Mandeln
- Rosinen

So geht's:
Die Birne durchschneiden, das Kernhaus und den Stiel entfernen. Eine Hälfte auf einen Teller legen. Seitlich etwas von der Schale abschneiden und in dünne Streifen schneiden. Am oberen Teil zwei Kerben für die Ohren einschneiden, gehobelte Mandeln einstecken. Für die Augen und den Mund kleine Löcher ausstechen, Rosinen einlegen. Die Streifen von der Schale als Barthaare einstecken.

Pantomimisches Spiel: Die Maus

Montags will sie spazieren gehn,
denn die Sonne scheint so schön.

Am Dienstag läuft sie durch das Gras,
an der Nase kitzelt das!

Am Mittwoch sucht sie leck´re Beeren,
die sollen ihr allein gehören.

Am Donnerstag sucht sie den Klee,
da tun ihr alle Beinchen weh.

Am Freitag spielt sie gern Versteck.
Schwups, sind die Geschwister weg.

Am Samstag putzt sie schnell den Bau,
darin sind die Mäuse schlau.

Am Sonntag schlafen sie sich aus
in ihrem schönen Mäusehaus.

So geht die Woche schnell vorbei –
den Mäusen ist das einerlei!

Spielweise:
Alle Kinder sitzen im Kreis. Ein Kind ist die Maus, ein paar andere sind seine Geschwister. Sie spielen das Gedicht als Pantomime.

Fangbecher Katz und Maus

Ein selbst gemachtes Geschicklichkeitsspiel, das richtig Spaß macht! Wie schwer es ist, die Maus in den Becher zu schwingen, hängt auch davon ab, wie lang der Faden ist.

Material:

- großer Kunststoffbecher, z.B. von Dickmilch
- selbstklebende Folie oder Filz
- Flaschenkorken
- grauer Filz
- Schere
- Klebstoff, eventuell Heißkleber
- Filzreste
- Wolle

So geht's:
Den sauberen Becher mit der Folie oder Filz umkleben. Aus Filz und Wolle das Gesicht der Katze aufkleben.
Den Korken mit Filz bekleben, das Gesicht der Maus mit Wolle und Filz aufkleben.
Aus der Wolle eine Kordel drehen. Diese wird an der Unterseite der Katze und am rückwärtigen Teil der Maus fest geklebt. Die Länge der Schnur ausprobieren!
Sie soll so lang sein, dass die Maus mit Schwung (und einiger Übung) durch die Luft und in den Becher fliegen kann.

Maus aus einer Walnuss

Material:

- die Hälfte einer Walnussschale
- hellbraunes Tonpapier
- Filzstifte
- Schere
- hellbraune Wolle
- Alleskleber
- 2 kleine Holzperlen

- Borsten von einem Besen oder Handfeger

So geht's:
Die Nussschale auf das Tonpapier setzen, mit einem Filzstift umrunden und ausschneiden. Ein Stückchen Wolle als Schwanz an die runde Seite der Nussschale kleben, das ausgeschnittene Stück Tonpapier als Unterseite ebenfalls an die Schale kleben.
Die Ohren der Maus auf das Tonpapier zeichnen und ausschneiden. Die Holzperlen als Augen aufkleben oder mit einem Filzstift aufmalen. Ein paar Borsten als Barthaare aufkleben. Einen kleinen Kreis aus Tonpapier schneiden und über die Borsten kleben. Den Mund aufmalen.

Gedicht: Ich bin die kleine süße Maus

Ich bin die kleine süße Maus,
und wohn´ im schönen Mäusehaus.

Es ist nicht groß, es ist sehr klein,
und wenn du willst, dann komm herein.

Schwestern und Brüder wohnen dort,
an diesem schönen Mäuseort.

Da gibt es Wiesen, Heu und Stroh,
die Sonne scheint hell wie nirgendwo.

Wir spielen draußen oft Versteck,
und sind dann die Geschwister weg,

dann suche ich, sie rufen „Piep",
bis ich sie dann zu fassen krieg.

Wir spielen, bis die Sonne sinkt,
und Mutter uns schnell zu sich winkt.

Dann kuscheln wir im warmen Stroh,
und schlafen glücklich und ganz froh.

Geht dann die Sonne wieder auf,
beginnt ein neuer Tageslauf.

Maus aus einem Radieschen

Material:

- Radieschen
- Küchenmesser
- 2 Pfefferkörner

So geht's:
Von einem Radieschen das Kraut abschneiden, dabei einen kleinen Rest stehen lassen. Das ist das Schnäuzchen.
Mit einem Küchenmesser seitlich für die Ohren zwei kleine Scheibchen einschneiden und etwas nach vorn klappen. Für die Augen zwei kleine Vertiefungen bohren, je ein Pfefferkorn eindrücken. Die Wurzel ist das Schwänzchen von Theodor.

Wassertiere beobachten

Für kurze Zeit können Kinder Wassertiere auch außerhalb ihrer Umgebung beobachten. Sie müssen aber bald wieder ausgesetzt werden.

Material:

- Kescher
- saubere Eisbehälter oder andere Plastikgefäße in heller Farbe
- Wasser aus dem Bach, dem Teich o. Ä.
- Lupe
- Bestimmungsbuch

So geht's:
Wasser in das Gefäß füllen. Den Kescher vorsichtig durchs Wasser und durch den Schlamm am Rand ziehen. Dabei sehr langsam durch das Wasser bewegen, damit die Erde ausgewaschen wird. Dann den Kescher vorsichtig in das Gefäß umstülpen. Was fällt heraus?
Die Kinder können jetzt mit der Lupe beobachten:
Hat das Tier Beine? Wenn ja, wie viel? Schwimmt es schnell? Oder ist es eine Larve, die im Schlamm versteckt war?
Anhand des Bestimmungsbuches kann erkannt werden, um welche Tiere es sich handelt.

Rätsel

Ich wohne gern im hohen Baum
und turne dort herum.
Mein Schwanz ist buschig und sehr stark
und meistens bin ich stumm. (Eichhörnchen)

Ein Haufen Laub mit viel Geäst,
da schlafe ich gern ein.

Ich bin ein rundum stachlig Tier,
mag gern alleine sein. (Igel)

Sonnenkäfer aus Salzteig

Material:

- 2 Tassen Mehl
- 1 Tasse Salz
- 1 Tasse Wasser
- Flüssigfarbe
- Pinsel
- Klarlackspray

So geht's:
Mehl, Salz und Wasser zusammen kneten. Kleine Sonnenkäfer formen. Ein paar Tage gut durchtrocknen lassen.
Dann wie einen Sonnenkäfer bemalen und wieder trocknen lassen. Im Freien mit Klarlackspray besprühen.

Tipp

Die Käfer sind als Dekoration gedacht und sollten nicht in den Mund genommen werden! Daher erst mit Kindern ab drei Jahren basteln!

Familie Sonnenkäfer auf einer Glückwunschkarte

Glückwunschkarten werden immer gebraucht. Der Marienkäfer als Glückssymbol eignet sich ganz besonders dafür.

Material:

- Doppelkarte in hellem Farbton
- rote Kerze
- Streichhölzer
- schwarzer Filzstift
- Briefumschlag

So geht's:
Auf die Außenseite der Doppelkarte einige Kerzenwachstropfen verteilen. Das sind die roten Körper der Käfer.
Mit dem Filzstift je 6 Beinchen, zwei winzige Fühler und Punkte an jeden der Sonnenkäfer malen.

Sonnenkäfer- Blumentöpfe für Kräuter

Eine Geschenkidee, über die sich Erwachsene freuen.

Material:

- Zeitungspapier
- Blumentopf aus Ton
- wasserfeste Farben in gelb und rot
- Pinsel
- schwarzer Filzstift
- Tonscherbe
- Blumenerde
- verschiedene Kräuter
- Untersetzer
- Wasser

So geht's:
Den Arbeitsplatz mit Zeitungen abdecken und einen Malkittel anziehen.
Den Blumentopf an der Außenseite gelb anmalen und trocknen lassen.
Eine Fingerspitze des Kindes rot anmalen. Es drückt diese nun auf den Blumentopf - das ist der Körper eines Sonnenkäfers. Noch viele Käfer wollen über den Topf krabbeln!
Nach dem Trocken bekommen die Käfer ihre Beinchen, gemalt mit schwarzem Filzstift.
Eine Tonscherbe in den Topf legen und Blumenerde einfüllen. Dann ein Kraut einpflanzen: Basilikum, Zitronenmelisse, Schnittlauch, Petersilie...
Oder Gundermann, Labkraut... Zum Schluss gießen.

Tipp

Sehr schön ist es, wenn der Sonnenkäfertopf mit einem Untersetzer verschenkt wird.

Beobachtungen von Schnecken, Käfern, Spinnen

Für kurze Zeit können Kinder kleine Tiere in einem Glas beobachten. Es ist für sie gut verständlich, dass die Tiere nicht gern eingesperrt sind und wieder in ihre natürliche Umgebung, ihr Zuhause, entlassen werden möchten.
Die Tiere beim Einfangen nicht drücken. Zum Freilassen den Vorhangstoff entfernen, das Glas schräg legen und das Tier alleine hinaus krabbeln oder fliegen lassen.

Material:

- eventuell Kescher
- saubere Gläser
- etwas feuchte Erde
- Gras, Stöckchen zum Klettern
- Vorhangrest
- Schere
- Gummiring

So geht's:
Die Erde in das Glas füllen und etwas anfeuchten. Gras und Stöckchen hinein stecken. Ein Stück Vorhang so zuschneiden, dass es über das Glas gelegt und mit einem Gummiring fest gemacht werden kann.
Jetzt geht es auf die Suche: welches Tier darf kurz im Glas wohnen? Eine Schnecke mit Haus kann leicht in das Glas gelegt werden. Um einen Grashüpfer oder eine Fliege zu fangen, braucht man einen Kescher.

Wichtig: das Glas darf nie in die Sonne gestellt werden!

Zwerge im grünen Wald (Zwergenlied)

Text: Ralf Göpfert; Musik: Stephen Janetzko; CD "Früchte Früchte Früchte"

Tempo: ca. 180

1. Hin-ter all den grü-nen Bäu-men, ja, da le-ben sie, ho, ho. Seh sie la-chen,

seh sie träu-men, sind sie doch des Le-bens froh. Ja, die Zwer-ge, die-se klei-nen,

lu-sti-ge Leut-chen sind es gar. Von de-nen eu-re El-tern mei-nen, die-se Ge-schich-ten

2. Doch ich kann es euch versichern, ihr wisst es doch genau, ja, ja,
nicht nur im Traum hör ich sie kichern, will ich spielen, sind sie da.
Der grüne Wald ist ihr Zuhaus, ihr Häuslein steht am Wiesenrain;
aus kleinen Fenstern schauen sie raus und genießen wie du den Sonnenschein. (Refrain)

3. Sie sind gar lustig anzusehn mit ihren Zipfelmützen;
sie lieben sie, ihr müsst verstehn, sind ihnen auch von Nützen.
Denn wenn es regnet oder schneit, egal bei welchem Wetter,
sie sind immer hocherfreut, diese Mützen sind echt clever. (Refrain)

Weben mit einer Astgabel

Material :

- Astgabel, möglichst glatt
- Taschenmesser
- Schere
- Garnrest
- Wollrest
- Stopfnadel

So geht's:
Ein Stück festes Garn oben an einer der Astgabeln fest knoten. Bis zur anderen Seite spannen und dort zwei- bis dreimal darum wickeln. Es ist eine Verbindung entstanden, an die in der Mitte die anderen Garnfäden fest gemacht werden.
Den Faden nun von außen her einmal um diese Mitte wickeln, dann zur andern Seite, zweimal um die Astgabel, wieder zur Mitte usw. Unten angekommen, wird der Faden in die Mitte geführt und dort verknotet.
Mit Wolle über die Fäden weben. Ein paar Reihen muss hier der Erwachsene weben, da die Kettfäden relativ unregelmäßig sind.
Zum Schluss die Fäden direkt am Ast abschneiden und alle mit der Stopfnadel im Gewebe vernähen.

Steinzwerge

Steinmännchen oder Steinzwerge werden oft aufgebaut, um Wanderern den Weg zu zeigen.

Material :

- Baumstupf
- viele unterschiedlich große Steine

So geht's:
Einen geeigneten Baumstumpf suchen. Verschieden große Steine sammeln. Diese als kleine Zwerge auf den Baumstumpf aufschichten. Zeigen diese Zwerge anderen Wanderern den Weg zu Erdbeeren, Himbeeren oder Brombeeren?

Rindenzwerg

Material :

- 1 rechteckiges Stück Rinde
- Taschenmesser
- Flüssigfarbe
- Deckweiß
- Pinsel
- Watte
- Alleskleber

So geht's:
Das Rindenstück gut waschen und trocknen lassen.
An einer Schmalseite mit dem Taschenmesser eine Spitze schnitzen (je nach Alter der Kinder eine Aufgabe des Erwachsenen). Dies ist die Mütze dass Zwerges, das restliche Stück sind der Kopf und der lange Mantel.
Die ganze Rinde mit einer Farbe bemalen und trocknen lassen.
Den Kopf mit Deckweiß bemalen und wieder trocknen lassen. Anschließend das Gesicht malen und etwas Watte als Bart ankleben.

Eberhard, der Zwerg

Es war einmal ein kleiner Zwerg. Der wohnte in einem Waldstück, nicht weit von hier. Eberhard, so hieß der Zwerg, war besonders klein. So klein, dass er leicht übersehen wurde. Spinnen und Wanzen gingen oft an ihm vorbei, ohne ihn zu grüßen. Das ärgerte Eberhard immer sehr. Gerade war eine kleine Spinne an ihm vorbei gehuscht. Eberhard schimpfte. Schließlich war er schon alt, sogar uralt. Da müssten ihn diese jungen Dinger grüßen! Eberhard hatte schon gelebt, als die großen Eichen noch junge Pflänzchen waren. Damals war kaum einmal ein Auto in die Nähe des Waldes gekommen. Es war still gewesen, damals vor vielen Jahren, sehr still.

Eberhard saß vor seinem Haus. Ach, er hatte wieder einmal geträumt. Er schüttelte sich. Wie war er bloß wieder auf so dumme Gedanken gekommen? Ach so, die Spinne, die eben an ihm vorbei gehuscht war und das Grüßen vergessen hatte.

Eberhard sah sich um. Die Eiche, unter der er saß, war eines der kleinen Bäumchen gewesen. Und jetzt wohnte er zwischen den dicken Wurzeln.

„Oh, Entschuldigung", hörte er da ein leises Stimmchen über sich. „Sitzen sie nur zufällig hier oder ist das der Eingang zu einer Wohnung?" Eberhard blickte nach oben. Aber er sah nur kleine dünne Beinchen.

„Wo bist du?", fragte nach oben.

„Hier bin ich", flüsterte es verschämt. Langsam kamen viele kleinen Beinchen ein Stückchen nach unten und der Körper einer kleinen Spinne wurde sichtbar.

„Hier bin ich", sagte sie noch einmal. „Ich bin Susi."

„Hallo Susi! Das ist aber nett von dir, dass du nachfragst. Du willst bestimmt ein Netz bauen. Habe ich Recht?" Eberhard lächelte. Er fand die kleine Spinne sehr sympathisch.

„Ja, das würde ich gerne. Von hier bis da drüben. Aber da ist ein Eingang, wie ich sehe. Wohnst du hier?"

„Ja, hier wohne ich", gab Eberhard schnell Antwort. „Ach, übrigens, ich bin Eberhard, der kleine Zwerg. Der kleinste Zwerg hier im Wald, um es genauer zu sagen."

„Ich bin auch noch klein", entgegnete die Spinne.

„Ich bin zwar klein gewachsen, aber ich bin schon alt", korrigierte Eberhard. „Ich denke, du bist einfach noch jung und wirst noch tüchtig wachsen."

„Na klar", gab sich die Spinne überzeugt. „Das hoffe ich doch sehr!"

„Das wünsche ich dir auch", meinte Eberhard. „Aber so Leid es mit tut – hier ist der Eingang zu meiner Wohnung, hier kannst du leider kein Netz spannen. Aber wenn du magst, dann zeige ich dir ein tolles Plätzchen. Dort kannst du ein großes Netz bauen."

„Das ist nett von dir, Eberhard!", meinte Susi und kam zu ihm herunter.

Zusammen gingen die beiden ein Stückchen zur Seite, neben der großen Eiche stand ein junger Haselnussstrauch.

„Wenn du dein Netz zwischen diesen tiefen Ast und den Haselstrauch spannst, hast du

die schönste Lage, die du dir für dein Netz vorstellen kannst. Trocken unter den großen Ästen, leicht zu bauen, ohne ständigen Wind.."
„Herzlichen Dank für diesen Tipp!", strahlte die kleine Spinne. „Dieser Platz ist wirklich grandios! Ich mache mich gleich an die Arbeit!"
So kam es, dass Susi direkt neben Eberhard wohnte. Die beiden wurden schnell gute Freunde. Und Susi wuchs jeden Tag ein kleines Stück.
An einem Tag im Herbst hatte Eberhard Geburtstag. Susi wusste das natürlich nicht. Sie bemerkte nur, dass Eberhard schon ein paar Tage lang besonders fleißig war. Er hatte so viele Hagebutten gesammelt wie nie zuvor, dazu schleppte er Mengen von Bucheckern und Esskastanien in sein Haus.
„Ein Glück, dass die Verwandtschaft immer im Herbst kommt", erzählte er Susi. „Sie essen Berge von Früchten und Nüssen, kaum zu glauben!", beschrieb er mit den Händen einen Berg, der bis zum Himmel reichte.
„Und warum kommen die immer im Herbst?", wollte Susi wissen.
„Na ja, da habe ich Geburtstag", erklärte Eberhard schließlich.
„Ach so." Susi tat gelangweilt. Dabei überlegte sie fieberhaft, was sie Eberhard schenken könnte. Eine gefangene Fliege, das wusste sie genau, würde Eberhard nicht mögen. Auch kein anderes Tier. Eberhard aß nur, was in seinem Wald wuchs. Aber sie konnte keine Hagebutten abpflücken und keinen Sauerklee abzupfen. Dazu war sie zu klein und unbeholfen. Wenn sie Eberhard sein Lieblingsessen schenken wollte, dann brauchte sie Hilfe. Hilfe von jemand, der so etwas machen konnte. Vielleicht von einem der Besucher? Aber dann müsste sie jemanden um Hilfe bitten. Nein, das traute sie sich nicht. Nie und nimmer würde sie einen der Zwerge fragen! Susi seufzte.
„Was ist los?", frage Eberhard besorgt.
„Nicht, nichts. Ich denke nur nach.", gab Susi zur Antwort.
„Wenn ich dir helfen kann, dann sag Bescheid, ja?", meinte Eberhard und ging wieder seiner Arbeit nach.
Susi saß am Rand ihres Netzes und grübelte. „Fragen, einen Zwerg fragen, das wäre gut", überlegte sie ständig. Dann wieder: „Nein, niemals, das traue ich mich nicht." So ging der Nachmittag vorbei. Susi wurde immer verzweifelter. Sie fand einfach keine Lösung.
Als die Sonne gerade unterging, trafen sich die beiden Freunde wieder. Susi war immer noch sehr einsilbig.
„Habe ich dich verärgert, oder was ist los?", fragte Eberhard.
„Nein, ich grüble nur!", gab Susi zur Antwort.
„Damit kommst du nicht weiter, grübeln ist nicht gut. Erzähl dein Problem jemanden. Wenn du willst, einem Stein oder einem Baum oder mir. Beim Erzählen findest du die Lösung", riet Eberhard.
„Dann lieber dir!" Susi lachte. „Du kannst mir eine Antwort geben, das wäre schön!"
„Dann erzähl schon", meinte Eberhard. „Vielleicht fällt mir eine gute Lösung ein."
„Alles kann ich nicht sagen", schmunzelte Susi, „das ist ein Geheimnis. Aber eine Frage: Was machst du, wenn du dich etwas nicht traust?"

„Wenn ich mich nicht traue? Du meinst, wenn ich Angst vor irgendetwas habe?" Susi nickte.
„Ganz einfach!", fuhr Eberhard weiter. „Zuerst überlege ich, was mir passieren könnte. Wenn ich von einem Stein springen will, und der ist sehr hoch, dann könnte ich mir ein Bein brechen. Dann suche ich einen niedrigeren Stein und springe dort. Ich überlege einfach, was mir schlimmstenfalls passieren könnte. Und wenn das, was passieren könnte, sehr unwahrscheinlich ist, dann probiere ich es aus.
Wenn ich ein anderes Stück Wald anschauen will, dann könnte ich mich höchstens verlaufen. Und dann könnte ich jemanden fragen, wo es zurück zu meinem Haus geht."
„Und du traust dich, zu fragen?" Susi schaute überrascht.
„Na klar, was kann denn dabei passieren? Es könnte sein, dass derjenige es nicht weiß. Dann frage ich den Nächsten. So einfach ist das."
Susi schüttelte den Kopf. „Nein, fragen ist schwer!"
„Nur das erste Mal", tröstete Eberhard. „Viele Dinge sind nur das erste Mal schwer. Probier es einfach."
„Und wenn mich der andere auslacht?", fragte Susi weiter.
„Dann lach mit, das ist eh die beste Medizin!". Eberhard ging schnell in seine Wohnung und holte sich eine Brombeere.
„Und was wolltest du eigentlich wissen?", fragte er nachdenklich.
„Genau das, was wir besprochen haben", freute sich Susi. „Jetzt muss ich das mit dem Fragen noch ausprobieren. Es kann mir ja nichts passieren."
„Genau", nickte Eberhard und knabberte an der Brombeere. „So ist es!"
So kam es, dass Susi einen Tag später einen der Zwerge abpasste, der gerade auf dem Weg zur Geburtstagsfeier war.
„Halt, stopp, großer Zwerg! Könntest du mir bitte etwas helfen?" Susis Stimme zitterte etwas, als sie den Zwerg ansprach. Dieser bemerkte das überhaupt nicht und antwortete freundlich:
„Aber gern, kleine Spinne, was brauchst du denn?"
„Ich würde Eberhard gern ein Sträußchen Sauerklee zum Geburtstag schenken. Leider kann ich die Kräuter nicht pflücken und nicht tragen. Könntest du das bitte für mich tun und Eberhard das Sträußchen und einen Gruß von mir überbringen?"
„Natürlich mache ich das gern! Aber sag mal, kommst du nicht mit?"
„Ich komme erst, wenn die ganze Verwandtschaft weg ist."
„Ach was, komm doch mit! Wir sind alle sehr umgänglich und machen gern Bekanntschaft mit anderen. Und Eberhard wäre sicher traurig, wenn du dich versteckst. Warte einen Moment, ich pflücke den Sauerklee. Ja, das wird ihm schmecken!"
Der Zwerg pflückte einen großen Strauß und zusammen gingen sie zu Eberhard. Der freute sich nicht nur über den leckeren Sauerklee. O nein! Eberhard freute sich vor allen Dingen darüber, dass Susi es geschafft hatte, zu fragen und um Hilfe zu bitten!
Am nächsten Tag, als das Fest zu Ende war, saßen die beiden Freunde im Moos. Es war ein schönes Fest gewesen. Und Eberhard war stolz auf Susi, die eine große Angst überwunden hatte!

Zwergenschritte

Zwerge haben kleine Füße, tragen kleine Schuhe und machen kurze Schritte. Wohin führen sie?

Material:

- Straßenkreide
- Nüsse oder Obst

So geht's:
Der Erwachsene versteckt im Freien eine Kleinigkeit. Vom Ausgangspunkt des Spiels aus malt er mit Straßenkreide kleine Füße bis zum Versteck hin auf den Boden. Der Weg kann Abzweigungen enthalten, die plötzlich aufhören. Findet das Kind die Überraschung?

Apfelzwerg

Material :

- 1 Apfel
- 1 Eichel mit Hütchen
- Küchenmesser
- Zahnstocher
- Filz
- Schere
- Nähnadel und –faden
- Filzstifte

So geht's:
In die Blüte des Apfels ein kleines Loch bohren, ebenso in die Spitze der Eichel. Einen Zahnstocher halbieren, in Eichel und Apfel stecken und beide so miteinander verbinden. Ein Stück Filz abschneiden. Es soll quadratisch und halb so lang wie der Apfel sein. Eine Seite mit kleinen Stichen nähen. Etwas zusammen ziehen. Um den „Hals" Zwerges hängen und den Faden verknoten.
Das Gesicht des Zwerges eventuell mit Filzstiften auf die Eichel malen.

Fingerspiel: Himpelchen und Pimpelchen

Ein einfaches Fingerspiel, auch für jüngere Kinder.

Himpelchen und Pimpelchen,
die stiegen auf einen hohen Berg.
Himpelchen war Heinzelmann
und Pimpelchen ein Zwerg.

Sie blieben lange oben sitzen,
wackelten mit den Zipfelmützen.
Doch nach 27 Wochen
sind sie in den Berg gekrochen.

Sie liegen dort und schlafen.
Seid mal still und hört gut zu:
Chrr, chrr....

Ein Kind ruft: Kikeriki!

Und als die liebe Sonne lacht,
da sind sie wieder aufgewacht.
Hi hahaha, hi hahaha,
hi hahahahaha (wdh)

(Überlieferung)

Spielweise:
Die beiden Daumen sind Himpelchen und Pimpelchen. Sie bewegen sich zum Lied.
Wenn sie in den Berg kriechen, verstecken sich die Daumen unter den anderen Fingern und bilden so eine Faust.
Ein Kind ist der Hahn, der am Morgen kräht. Die beiden Zwerge kommen jetzt wieder aus ihrem Versteck hervor.
Anschließend bewegen sich die Daumen wieder.
Zu „Hi hahaha" klatschen.

Kiefernzwerg

Dieser Zwerg kann auch am Weihnachtsbaum hängen.

Material:

- Kiefernzapfen
- Wattekugel
- Alleskleber
- Filzstifte
- roter Filz
- Kugelschreiber
- Schere
- Watte
- Nähnadel und Nähfaden

So geht's:
Die Wattekugel mit Alleskleber auf die Stelle am Zapfen kleben, an der er am Ast festgewachsen war. Das Gesicht aufmalen.
Auf dem Filz einen Dreiviertelkreis zeichnen und schneiden. So übereinander kleben, dass es als Hut für den Zwerg passt. An der Wattekugel ankleben. Watte als Bart ankleben.
Ein Stück Filz aus Umhang zuschneiden und ankleben.
Ein Stück Nähgarn durch die Mütze ziehen und verknoten. Jetzt kann der Zwerg aufgehängt werden.

Elfentanz

Weißt du, wie die Elfen tanzen
dort am Weiher, dort am Bach?
Schweben sanft und luftig-leise
dort am kleinen Mühlenbach.

Wo sich schnell die Räder drehen
und es klappert laut, klipp, klapp,

tanzen sie im Morgennebel
flink und lustig auf und ab.

Halten dort am Weiher Wache,
dass es immer gut ihm geh´.
Und den Tieren und den Pflanzen
niemals je ein Leid gescheh´.

Und sie tanzen jeden Morgen,
bis der helle Tag erwacht,
schlüpfen dann in ihr Versteck,
wünschen allen „Gute Nacht".

Willst du einmal Elfen sehen,
sei behutsam und ganz still,
geh zu einem schönen Baum,
wart, ob sie sich zeigen will.

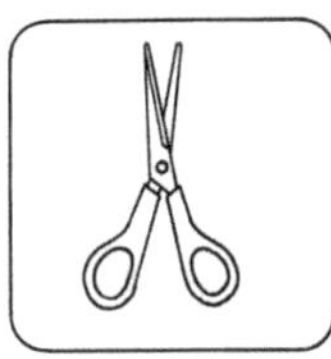

Elfe aus Seide

Material:

- ein Stück Seide, quadratisch geschnitten
- dünnes Garn
- Nähnadel
- Märchenwolle oder Füllwatte
- Stickgarn
- Klebstoff

So geht's:
Aus der Märchenwolle eine kleine Kugel drehen. Diese in die Mitte des Seidentuches legen. Den Stoff unterhalb der Kugel zusammen nehmen und fest mit dem Garn umwickeln, den Faden nach innen ziehen und verknoten. Am Kopf und an den vier Zipfeln je ein Stück Garn durchziehen und verknoten. Alle Fäden zusammen nehmen und einen Knoten machen. Eventuell ein zartes Gesicht aufsticken, vielleicht nur die Augen? Aus Märchenwolle lange Haare zupfen und aufkleben.
Die Elfe hängt gern über dem Bett und hilft beim Einschlafen.

Die kleine Mücke Lea (Der Mückentanz)

Text: Hermann Heimeier/Stephen Janetzko; Musik: Stephen Janetzko; CD "Früchte Früchte Früchte"

Tempo: ca. 180

C G G7

Refrain: Klei-ne Mü-cken tan-zen in der A-bend - son-ne, ih-nen zu-zu - se-hen,

C F G

das ist ei-ne Won-ne. A-ber wird es dun-kel, kannst du sie nicht sehn, denn sie flie-gen

C G C G

heim und schla-fen dort recht schön. 1. Die klei-ne Mü-cke Le-a* tanzt al-lein ein

C G C G C

klei-nes Stück, nun streckt sie aus ihr lin-kes Bein-chen, mal vor und dann zu - rück.

D G D G

Bein-chen hoch und Bein-chen run-ter, das klappt gut, wie je - der weiß,
Bein-chen hoch und Bein-chen run-ter, jetzt flieg' wie-der in den Kreis!

2. Die kleine Mücke Leon* tanzt allein ein kleines Stück,
nun streckt sie aus ihr rechtes Beinchen, mal vor und dann zurück.
Beinchen hoch und Beinchen runter, das klappt gut, wie jeder weiß,
Beinchen hoch und Beinchen runter, jetzt flieg' wieder in den Kreis!

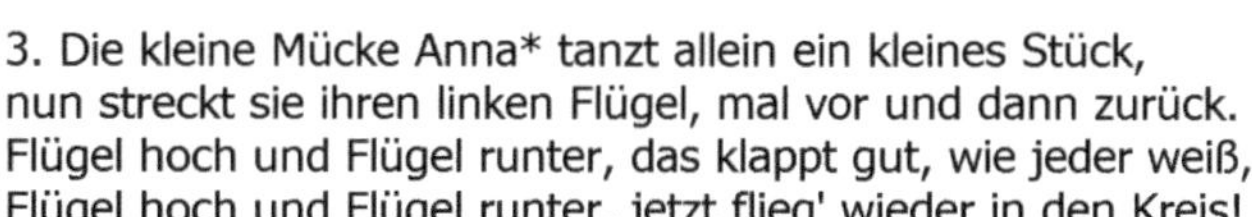

3. Die kleine Mücke Anna* tanzt allein ein kleines Stück,
nun streckt sie ihren linken Flügel, mal vor und dann zurück.
Flügel hoch und Flügel runter, das klappt gut, wie jeder weiß,
Flügel hoch und Flügel runter, jetzt flieg' wieder in den Kreis!

4. Die kleine Mücke Lukas* tanzt allein ein kleines Stück,
nun streckt sie ihren rechten Flügel, mal vor und dann zurück.
Flügel hoch und Flügel runter, das klappt gut, wie jeder weiß,
Flügel hoch und Flügel runter, jetzt flieg' wieder in den Kreis!

5. Die kleine Mücke Sara* tanzt allein ein kleines Stück,
sie dreht sich 1x um sich selber und dann wieder zurück.
Linksrum drehen, rechtsrum drehen, das klappt gut, wie jeder weiß,
Linksrum drehen, rechtsrum drehen, jetzt flieg' wieder in den Kreis!

6. Die kleine Mücke Finn* tanzt zu uns so ganz allein,
nun streckt sie ihren spitzen Stachel heraus, das ist gemein!
Stachel hoch und Stachel runter, und jetzt ist das Liedchen aus,
Stachel hoch und Stachel runter, nun gibt's tosenden Applaus!

Spielanregung:
Wir bilden einen großen Kreis und fassen uns an den Händen. Beim Refrain tanzen alle im Kreis herum, bis wir zum Ende des Refrains im Kreis stehen bleiben oder wie vorgegeben ruhen.
Bei jeder Strophe spielt ein Kind (= Vorname des jeweiligen Kindes) die kleine Mücke und fliegt in die Mitte des Kreises. Es macht alle Bewegungen nach, wie sie gesungen werden.*
Dabei nehmt ihr als linken und rechten Flügel natürlich eure Arme.
In der 5. Strophe könnt ihr den Stachel bilden, indem ihr vor dem Körper eure beiden gestreckten Zeigefinger zusammenführt. Alle übrigen Kinder dürfen die jeweilige kleine Mücke während der Strophen durch Klatschen unterstützen.
Viel Spaß!

Dosenhotel für Insekten

Für dieses Insektenhotel braucht man keinen Garten, es eignet sich auch für den Balkon.

Material:

- leere Konservendose
- Gartenschere
- Zweige
- nach Möglichkeit auch Himbeerruten (diese sind innen hohl)
- Bast

So geht's:
Die Zweige so zuschneiden, dass sie in die Dose geschoben werden können. Die Dose damit gut auffüllen.
Die Dose mit einem Stück Bast umwickeln und diesen gut verknoten. Jetzt kann das Dosenhotel im Freien aufgehängt werden.

Mücke und Fledermaus

Ein Spiel für mehrere Kinder, z. B. beim Kindergeburtstag

Material:

- Augenbinde oder Kopftuch

So geht's:
Im Kreis stehen zwei Kinder. Eines ist die Mücke, das andere die Fledermaus. Die Kinder wissen sicher, dass die Fledermaus nichts sehen kann, sondern ihre Beute mit Ultraschall ortet.
Die Mücke ruft: "Fledermaus" und die Fledermaus muss heraus finden, woher der Ruf kam. Dann versucht sie, die Mücke zu fangen. Zwischendurch ruft diese immer wieder, lässt sich aber nicht so leicht fangen.
Hat die Fledermaus es aber geschafft, dann suchen Feldermaus und Mücke je ein anderes Kind aus.

Tschüs, tschüs, auf Wiedersehn

Text: Heidemarie Brosche; Musik: Stephen Janetzko; CD "Früchte Früchte Früchte"

Refrain: Tschüs, tschüs, auf Wiedersehn, bitte ...

2. Wir haben laut gebrüllt und lustige Musik gemacht,
doch auch mal leis gespielt, geflüstert und was ausgedacht.

Refrain: Tschüs, tschüs, auf Wiedersehn, bitte ...

3. Zuhause warten sie auf dich, ja, das verstehe ich.
Doch sag mir nur mal, wie soll ich jetzt spielen ohne dich?

Refrain: Tschüs, tschüs, auf Wiedersehn, bitte ...

4. Es war so schön mit dir, dass ich dich nicht gern gehen lass,
und eines sag ich dir: Du bist für mich ein echtes As!

Refrain: Tschüs, tschüs, auf Wiedersehn, bitte ...

5. Vielleicht würd´ es dich freun, wenn ich dich mal besuchen komm?
Na klar, das wär echt fein, am besten mach ich`s morgen schon!

Schluss-Refrain: Tschüs, tschüs, auf Wiedersehn, also dann bis morgen.
Ach, das wird bestimmt sehr schön. Wie ich mich drauf freu!
Tschüs, tschüs, auf Wiedersehn, also dann bis morgen.
Ach, das wird bestimmt sehr schön. Wie ich mich drauf freu!

Tschüss- Lied im Abschiedskreis

Wer möchte heute der Vorsänger ein? Vielleicht bilden Kinder ein Quartett?

Material:

- einfache Orff- Instrumente oder selbst gemachte Instrumente

So geht's:
Die Kinder stehen im Schlusskreis. Eines oder mehrere Kinder kommen mit Instrumenten in die Mitte. Sie singen den ersten Teil des Liedes und spielen dazu.
Beim zweiten Teil des Liedes singen alle mit und klatschen dazu.
Besonders Geburtstagskinder lieben es, im Schlusskreis noch einmal im Mittelpunkt aller Kinder zu stehen.

Tschüss- Rakete

Wollen sich mehrere Kinder voneinander verabschieden, dann macht die Tschüss-Rakete viel Spaß! Sie kann jedes Mal anders gespielt werden.
Die Kinder spielen dabei das Hochsteigen einer Rakete mit dem ganze Körper.

So geht's:
Die Kinder sitzen in einem kleinen Kreis in der Hocke und halten sich an den Händen.
Das Gastgeber- Kind beginnt, von 10 bis 0 rückwärts zu zählen. Die anderen Kinder fallen ein. Bei „0" hüpfen alle in die Luft.

Variationen:

- Die Kinder sprechen die Rakete sehr leise.
- Sie sprechen die Zahlen abwechselnd leise und laut
- Oder sie stellen sich hin, patschen beim Zählen mit den flachen Händen auf die Oberschenkel und reißen bei „0" Arme in die Höhe.

Wildgrün! Wildgrün!

Text: Brigitte Rondholz/Stephen Janetzko; Musik: Stephen Janetzko; CD "Früchte Früchte Früchte"
Tempo: ca. 200 © Edition SEEBÄR-Musik Stephen Janetzko, www.kinderliederhits.de

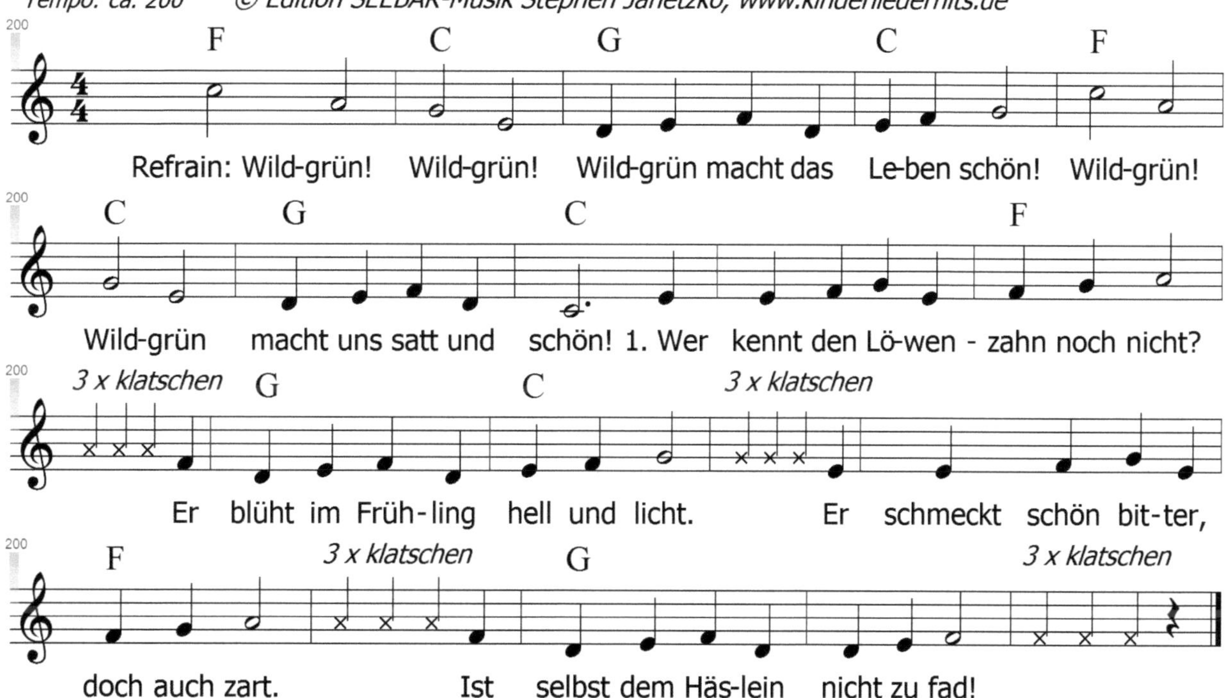

Refrain: Wildgrün! Wildgrün!...

2. Im Garten macht er sich ganz breit vom Frühjahr bis zur Winterzeit.
Man nennt ihn Geißblatt oder Giersch. Den Dreieckstängel kennt der Hirsch.

Refrain: Wildgrün! Wildgrün!...

3. Du hast ihn auch schon oft gesehn. Zupf ruhig viel raus, den Rest lass stehn.
Er wächst wie wild und ohne Ruh, der Opa schimpft: "Er wächst uns zu!"

Refrain: Wildgrün! Wildgrün!...

4. Das Gänseblümchen kennst du schon. Dafür braucht man wohl kein Diplom.
Es wächst auf Wiesen und im Park. Es schmeckt sehr gut, macht uns ganz stark.

Refrain: Wildgrün! Wildgrün!...

5. Wie Efeu wächst der Gundermann am Waldesrand, im Park heran.
Damit er nicht zu bitter ist, iss einfach ne Banane mit!

Refrain: Wildgrün! Wildgrün!...

Gänseblümchen als Tischset kleben

Welches Kind kennt das Gänseblümchen nicht? Es blüht fast das ganze Jahr und so lange kein Schnee liegt, sind seine Blättchen zu finden. Die Stängel sind recht robust und schnell lernen Kinder, mit dem Fingernagel einen Schlitz hinein zu drücken. Dann wird der nächste Stängel durchgezogen, wieder ein Schlitz gemacht usw. So entsteht ganz schnell eine Kette.
Auch als Tischset ist das Gänseblümchen sehr hübsch und ein schönes Geschenk.

Material:

- Tonpapier in weiß und gelb
- Dessertteller und Unterteller
- Bleistift
- Schere
- Laminiergerät und- Folie

So geht's:
Den Dessertteller auf das weiße Tonpapier, den Unterteller auf das gelbe Tonpapier legen. Jeweils mit dem Bleistift umrunden und beide Kreise ausschneiden.
Den gelben Kreis in die Mitte des weißen Kreises kleben.
Weiße Blütenblätter aufzeichnen und ausschneiden. Auf die Kreise kleben. Alles gut trocknen lassen. Anschließend laminieren. Jetzt ist das Set haltbar und kann zum Reinigen gut feucht abgewischt werden.

Rätsel

Ich bin ein kleines Männlein
mit einem schwarzen Hut.
Ich hab ein rotes Mäntlein an
und schmeck´dir sicher gut. (Hagebutte)

Tief drin, da bin ich richtig gelb,
von außen blau und rund.
Ich schmecke dir ganz wunderbar,
und bin dazu gesund. (Pflaume)

Ganz viele kleine Beeren,
die sitzen dicht an dich.
Sie schmecken süß und saftig
im warmen Sonnenlicht. (Trauben)

Im tiefen Wald, da wohne ich,
hab einen großen Hut.
Ich stehe nur auf einem Fuß,
oft bin ich giftig,
manchmal gut. (Pilz)

Mit rotem Hut, da leuchte ich,
hab weiße Punkte drauf.
Doch ich bin giftig, denk daran,
drum pass beim Sammeln auf! (Fliegenpilz)

Wie lange Perlen hängen wir
an einem langen Ast.
Doch erst im Winter, nach dem Frost.
da mache bei uns Rast. (Schlehenbeeren)

Rund und braun und stachelig,
So falle ich vom Baum.
Werde ich dann schnell geschält,
ist der Geschmack ein Traum. (Esskastanie)

Kürbis Bruno hat Geburtstag (Happy Birthday-Party)

2. Fräulein Lotte, die Karotte, tanzt mit Rudi Rosenkohl. Junge Möhren, diese Gören, finden Partys einfach toll.
Onkel Henry, der Salat, lacht laut über Franz Spinat, weil den Schnecke Gabi küsst, die ganz aus dem Häuschen ist.

3. Fritzchen Käfer summt vor Freude, auch Herr Lauch ist gut gelaunt. Heute tobt die ganze Meute, bei dem Happy-Birthday-Sound.
Hummel Pummel schwirrt verwirrt, sie hat sich im Gras verirrt. Fräulein Laus piekt Dixi Maus, die nimmt darauf flugs Reißaus.

4. Frau Zuccini, im Bikini, nimmt ein Bad im Gartenteich. Salamander Alexander hält sich gut versteckt im Laich.
Fräulein Gurke biegt sich krumm. Blubb, der Goldfisch lächelt stumm. Willi Wurm kriecht aus dem Loch zu Frau Chilli-Bohne hoch.

5. Konrad Knoblauch hält `ne Rede, die im Trubel niemand hört; auch klein Lieschen, das Radieschen, fühlt sich arg vom Lärm gestört.
Raupe Rita macht sich fein, angelockt vom Sonnenschein. Quax, der Frosch, gibt ein Konzert; alles schimpft, weil er so plärrt.

6. Frau Emilie Petersilie jodelt, da gibt`s viel Applaus. Kürbis Bruno und die Gäste wollen lang noch nicht nach Haus.
Alles tanzt vergnügt und lacht, so geht das die ganze Nacht. Eule Pu ruft laut uhu, keiner macht ein Auge zu.

7. Frau Agathe, die Tomate, malt den Mund sich feuerrot; und Sybille, eine Grille, kommt beim Tanzen aus dem Lot.
Falter Walter flattert wild. Was führt der wohl grad im Schild? Hoch im Baum, das klingt nicht schlecht, trommelt emsig Meister Specht.

8. Kürbis Bruno ist sehr müde, langsam wird`s im Garten still. Auch die andern wollen ausruhn, alle hatten Spaß beim Spiel.
Morgentau küsst schon den Klee. Kürbis Bruno sagt ade! Und zum allerletzten Mal klingt das Echo durch das Tal.

Refrain: Das war die Happy-Birthday-Party! Der Garten hat gebebt! Da blieb kein Auge trocken! Hat man das schon erlebt?
Das war die Happy-Birthday-Party! Hi-wip-hi-wip-hurra! Wir tanzen noch mal Dscha-Dscha-Dscha und singen scha-la-la! Dscha...

Bruno und seine Gäste tanzen über dem Esstisch

Bruno hat viele Geburtstagsgäste – und alle tanzen bei uns über dem Tisch!

Material:

- alte Zeitungen
- große Schüssel
- heißes Wasser
- Tapetenkleister
- Büroklammer
- Kuchenrost
- Flüssigfarbe
- Pinsel
- eventuell Klarlackspray
- Band
- Korkenzieherhasel oder ein anderer schöner Ast
- festes Garn
- Schere

So geht's:
Das Zeitungspapier in kleine Schnipsel reißen und in die große Schüssel geben. Mit heißem Wasser übergießen und stehen lassen.
Alles gut durchkneten. Die Masse sollte sich jetzt schön weich anfühlen.
1-2 Esslöffel Tapetenkleister dazu schütten und alles sehr gut verkneten. Ist die Masse zu fest, etwas Wasser darunter kneten und eventuell noch Tapetenkleister dazu geben.
Die Kinder überlegen, welches Gemüse oder welches Tier sie gern aus dem Pappmachée formen wollen. An der Stelle, an der das geformte Stück aufgehängt werden soll, wird eine Büroklammer versteckt. Sie soll mit ihrem Bogen so weit heraus schauen, dass man ein Band zum Aufhängen durchziehen kann.
Vorher müssen die Stücke aber getrocknet werden. Auf einem Kuchenrost klappt das gut, weil Luft von unten und oben daran kommt. Zwischendurch eventuell wenden, damit es keine platte Stelle gibt.
Anschließend bemalen, eventuell im Freien mit Klarlack einsprühen. Ein Band zum Aufhängen einziehen.
Diese verschiedenen Gäste von Bruno tanzen gern an einem Korkenzieherhasel über dem Esstisch. Dazu die Blätter des Astes entfernen. Mit einem festen Garn so über dem Tisch aufhängen, dass noch alle beim Sitzen unten durch schauen können.

Roh zu sein bedarf es wenig

Text und Musikbearb.: Stephen Janetzko; Musik: trad.; u.a. auf CD "Hand in Hand", "Danke Gott"

Tempo: ca. 160

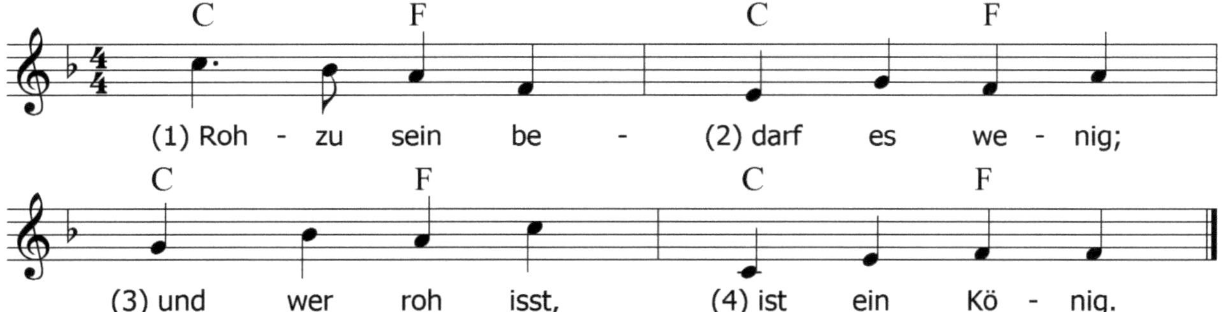

Roh zu sein bedarf es wenig; und wer roh isst, ist ein König.

Hinweise: "Roh" bezieht sich hier natürlich aufs Essen (die Rohkost). Für diesen schönen Kanon nach der bekannten Melodie von "Froh zu sein bedarf es wenig" könnt ihr euch noch die verschiedensten Textvarianten selber einfallen lassen. Hier einige weitere Varianten zur Auswahl für verschiedene Anlässe, Tages- und Jahreszeiten (auch hier kann untereinander kombiniert werden):

Urkost-Varianten:

Guten Morgen, liebe Leute, meine Urkost ess ich heute.
Lasst euch schmecken euer Essen, auch die Kräuter nicht vergessen.
Viel Bewegung, immer draußen, danach lasst uns Urkost schmausen.

Für die Sonne:

Liebe Sonne, schick doch wieder deine Strahlen auf uns nieder.
Sonne, Sonne, schick bald wieder, goldne (warme) Strahlen zu uns nieder.

Zu den Tageszeiten:

Guten Morgen, liebe Leute, meinen Frieden geb ich heute.
Guten Tag, ihr lieben Leute, danke für das schöne Heute.
Guten Tag, ihr lieben Leute, meinen Frieden geb ich heute.
Guten Abend, liebe Leute, meinen Frieden geb ich heute.
Gute Nacht, ihr lieben Leute, meinen Frieden geb ich heute.
Gute Nacht, ihr lieben Leute, danke für das schöne Heute.

Zu den Jahresfesten:

Frohe Ostern, liebe Leute, meinen Frieden geb ich heute.
Frohe Pfingsten, liebe Leute, meinen Frieden geb ich heute.
Frohe Weihnacht, liebe Leute, meinen Frieden geb ich heute.

Zum Abschied:

Alles Gute, liebe Leute, schönen Heimweg wünsch ich heute.
Tschüs, bis bald, ihr lieben Leute, schönen Heimweg wünsch ich heute.

Für den Gottesdienst:

Lieber Gott, wie tausend Sterne und noch mehr, hast du mich gerne.
Wie im Himmel so auf Erden, lass uns deine Jünger werden.

Apfel-Rap (Der Apfel-Song)

Text: Stephen Janetzko/Christa Baumann; Musik: Stephen Janetzko; CD "Der Herbst ist da - Die 25 schönsten Herbstlieder" © Edition SEEBÄR-Musik Stephen Janetzko, www.kinderliederhits.de

2. Goldener Delicious,
Boskoop, Granny Smith,
Cox Orange und Jonagold -
eins, das ist gewiss:
„Einen Apfel iss am Tag",
wie das Sprichwort sagt:
„Tu´s, dann hast du mit dem Arzt
niemals eine Plag!"

Refrain.

3. Knochen brauchen Kalzium.
Tut dir etwas weh,
stärk dich durch den Apfelbiss
mit Vitamin C.
Zur Verdauung supergut
findest du: Pektin.
Als Ballaststoff weltberühmt -
steckt im Apfel drin!

Refrain.

4. Apfelmus und Apfelsaft,
Apfelstücke pur.
Ich ess ihn am liebsten ganz -
frisch aus der Natur!
Was im Herbst geerntet wird,
lagern wir, na klar.
Deutschland bleibt ein Apfelland
durch das ganze Jahr!

Refrain.

Äpfel schnappen

Ein Spiel im Freien.

Material:

- Äpfel
- Apfelausstecher
- Küchenmesser
- Bindfaden
- Schere

So geht's:
Das Kernhaus der Äpfel ausstechen. Den Apfel in Scheiben schneiden. Durch jede Öffnung einen langen Bindfaden führen und fest knoten.
Das andere Ende des Fadens um den Ast eines Baumes legen und fest knoten.
Die Apfelscheiben sollen so niedrig hängen, dass die Kinder sie mit dem Mund erreichen können.
Spielweise:
Die Kinder stehen unter dem Baum und nehmen die Hände auf den Rücken. Auf ein Zeichen recken und strecken sie sich und fangen an, eine Apfelscheibe anzuknabbern. Wer dies geschafft hat, darf die Scheibe mit der Hand herunter nehmen und essen, bevor sie auf den Boden fällt.

Apfel- Tischset

Wer die Sets laminiert, hat lange Freude daran.

Material:

- Tonkarton in rot (DIN A 3)
- Bleistift
- Schere
- Wachskreide
- Laminiergerät und -folie

So geht's:
Einen großen Apfel mit Stiel und Blatt auf den Tonkarton zeichnen. Die Bäckchen des Apfels mit einer flach gelegten Wachskreide aufmalen. Stiel und Blatt ebenfalls bemalen.
Den Apfel ausschneiden und laminieren.

Apfel- Bananen- Dessert

Zutaten:

- 2 Äpfel
- 2 Bananen
- 1 Zitronensaft
- Zimt

So geht's:
Die Äpfel gut waschen und mit der Schale grob reiben. Die Bananen zerdrücken und zugeben. 1 Zitrone ausdrücken und mit Äpfeln und Bananen vermischen. Mit Zimt bestreuen.

Gefüllte Äpfel

Zutaten:

- 4 Äpfel
- 1 Zitronensaft
- Obst nach Jahreszeit

So geht's:
Die Äpfel waschen. Einen Deckel abschneiden. Das Innere der Äpfel so aushöhlen, dass ein stabiler Rand stehen bleibt.
Innen mit Zitronensaft beträufeln.
Obst nach Jahreszeit waschen, eventuell schälen und klein schneiden. In die Äpfel füllen. Die Deckel wieder auflegen und servieren.

Mandarinen, Mandarinen
(Das Mandarinenlied)

Text und Musik: Stephen Janetzko;

Tempo: ca. 100

2. Keiner braucht sich zu beklagen,
halt die Nase in die Luft:
Stück für Stück geht in den Magen
und im Zimmer frischer Duft!

Refrain: Mandarinen, Mandarinen…

3. Manchmal bin ich ganz verwegen,
presse sie zu einem Saft;
möchte 100 Jahre leben -
Mandarinen geben Kraft!

Refrain: Mandarinen, Mandarinen…

4. Diese leck´ren Mandarinen -
was ein Winterhochgenuss -
sind so reich an Vitaminen,
dass ich täglich naschen „muss"…

Refrain: Mandarinen, Mandarinen…

Mandarinen- Lauf

Wer kennt dieses Spiel noch von Ostern? Dort balancieren wir mit Eiern – heute sind es Mandarinen.

Material:
Für jeden Mitspieler
- 1 Mandarine
- 1 Esslöffel

So geht's:
Mehrere Mitspieler stehen an der Startlinie. Sie haben den Esslöffel in der Hand und legen die Mandarine darauf. Auf ein Zeichen laufen sie los bis zum Ziel. Wer ist am schnellsten und hat seine Mandarine noch auf dem Löffel liegen?
Wer sie unterwegs verliert, scheidet aus.
Nach dem Spiel gibt es ein gemütliches Mandarinen- Essen.

Mandarinenkerze

Eine Kerze, die wunderbar duftet.

Material:
- Mandarine
- spitzes Küchenmesser
- Pflanzenöl

So geht's:
Die Mandarine im oberen Drittel ringsum einschneiden. Das Oberteil vorsichtig entfernen.
Die Frucht heraus holen. Dabei darauf achten, dass der weiße Strunk erhalten bleibt. Er wird später der Docht.
Die Mandarinenschale auf einen Teller stellen. Pflanzenöl hinein gießen. Etwas warten, damit sich der Strunk ein bisschen vollsaugen kann.
Die Mandarinenkerze vorsichtig anzünden.
Diese Kerze hält nur kurze Zeit, dann wird die Schale weich und das Öl läuft aus.

Tipp

Wer sicher gehen will, verwendet nur die Mandarinenschale und stellt ein Teelicht hinein. Aber auch dieses darf nicht unbeaufsichtigt brennen.

Frucht- Eis

Zutaten:

- Obst nach Wahl (Mandarinen, Erdbeeren, Kirschen, Pfirsiche, Äpfel)
- Eiswürfelbehälter
- Zahnstocher
- Fruchtsaft

So geht's:
Das Obst vorbereiten und in kleine Stückchen schneiden. In den Fächern eines Eiswürfelbehälters verteilen. Je einen Zahnstocher hinein stecken.
Mit Fruchtsaft auffüllen. Etwa 2-3 Stunden gefrieren lassen.

Rohes Apfelmus

Zutaten:

- 6 Äpfel
- 2 Bananen
- 2 Zitronensaft
- eventuell etwas Honig
- 1 Messerspitze Zimt

So geht's:
Die Äpfel waschen und grob reiben. Die Bananen in Scheiben schneiden. Den Zitronensaft zugeben. Alles pürieren und sofort servieren.

Danke für die Früchte

Text: Christa Baumann; Musik: Stephen Janetzko; CD "Der Herbst ist da - Die 25 schönsten Herbstlieder" © Edition SEEBÄR-Musik Stephen Janetzko, www.kinderliederhits.de

Refrain.

2. Die Nüsse fallen von dem Baum direkt vor mir ins Gras.
Ich bücke mich und heb sie auf, das macht mir großen Spaß.

Refrain.

3. Tomaten leuchten rot und glatt, wir pflücken sie geschwind
und stecken sie gleich in den Mund, so liebt sie jedes Kind.

Refrain.

4. Die Trauben schneiden wir vom Stock, nun schau doch einmal hier!
Wir füllen unsern Korb ganz voll und teilen dann mit dir.

Refrain.

5. Pflück ich mir dann die Paprika, bück ich mich nicht so sehr.
Sie wächst an einem kleinen Strauch, kommt rot, gelb, grün daher.

Refrain.

Weitere mögliche Strophe z.B. für den Erntedankgottesdienst:

6. Wir danken Gott, der für uns sorgt, für diese große Pracht.
Der uns beschützt und froh sein lässt am Tag und in der Nacht.

Spiel zum Schmecken

Wer kann Obst am Geschmack erkennen?

Zutaten:

- Obst
- Teller
- Küchenmesser
- Zahnstocher

So geht's:
Das Obstwaschen, eventuell schälen, in Stücke schneiden. Die Kinder sitzen um den Tisch. Eines schließt die Augen. Ein anderes sticht einen Zahnstocher in ein Stück Obst und reicht es dem Kind. Dieses steckt es in den Mund und versucht heraus zu finden, um welches Obst es sich handelt.

Blutapfelsalat

Zutaten:

- 6 Äpfel
- 2 kleine Rote Bete
- Saft einer Orange
- frische Minze
- essbare Blüten

So geht's:
Äpfel und Rote Bete grob raffeln. Mit dem Saft einer Orange mischen.
Mit frischer Minze und Blüten garnieren.

Variation:
Neben dem Geschmack ändert sich auch die Farbe des Salates, wenn man anstelle von Rote Bete einen kleinen Sellerie oder zwei Karotten reibt und untermischt.

Trauben ans Fenster

Wenn die Sonne durchs Fenster scheint, lässt sie die Trauben leuchten.

Material:

- Tonpapierrest
- Bleistift
- Schere
- Transparentpapier

So geht's:
Eine große Traube mit einzelnen Trauben auf das Tonpapier aufzeichnen und ausschneiden. Jede Beere so ausschneiden, dass von jeder nur ein kleiner Rand stehen bleibt.
Die ganze Traube mit weißem Transparentpapier hinterkleben. Die Ränder abschneiden. Vom Transparentpapier (grün oder dunkelblau) kleine Schnipsel reißen. Die Traube stückweise mit dem Klebstift bestreichen und die bunten Transparentpapierstückchen aufkleben. Trocknen lassen.

Gefüllte Paprikaschiffchen

Zutaten:

- 2 Paprika
- 2 Äpfel
- 1 Orange
- 250 g Rotkohl
- Saft einer Zitrone
- essbare Blüten

So geht's:
Die Äpfel grob reiben. Die Orangen in Stückchen schneiden. Den Rotkohl in feine Streifen schneiden.
Mit dem Zitronensaft mischen und durchziehen lassen.
Die Paprika längs durchschneiden, die Kerne entfernen. In die Paprikahälften füllen. Mit essbaren Blüten dekorieren.

Bunte Blätter (Herbstlied)

Text und Musik: Stephen Janetzko; CD "Der Herbst ist da - Die 25 schönsten Herbstlieder"

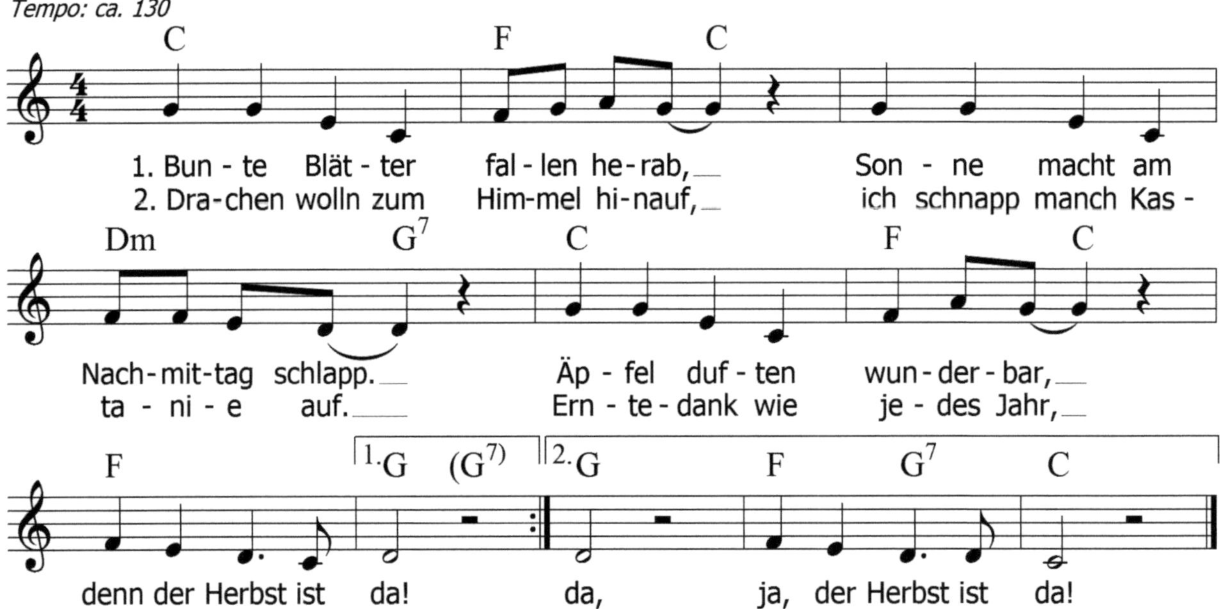

3. Regen tropft die Scheibe entlang,
Kürbislichter lachen mich an.
Und der Wind zerzaust mein Haar,
denn der Herbst ist da!

4. Pfützenplanscher sind unterwegs,
Wetter geht mir echt auf den Keks.
Brenn, Laterne, hell und klar,
denn der Herbst ist da,
ja, der Herbst ist da!

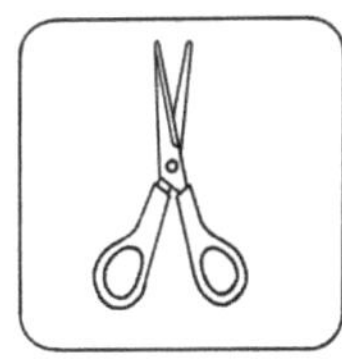

Bunte Blätter pressen

Wenn im Herbst die bunten Blätter von den Bäumen fallen, dann möchte man sie gerne haltbar machen.

Material:

- bunte Herbstblätter
- Löschpapier oder Zeitungspapier
- dicke Bücher

So geht's:
Die Blätter nebeneinander so zwischen Löschpapier oder Zeitungspapier legen, dass sie sich nicht berühren und nicht übereinander liegen. Mit dicken Büchern beschweren. Nach ein bis zwei Tagen nachsehen, ob sie schon genügend getrocknet sind.

Bunte Blätter aufhängen

Hängen getrocknete bunte Blätter von der Decke, dann sieht es aus, als würden sie gerade herunter schweben.

Material:

- getrocknete bunte Herbstblätter
- Laminiergerät und- folie
- Schere
- Nähnadel
- dünnes Garn
- Reißnägel

So geht's:
Die Blätter einzeln laminieren. Ringsum mit etwas Abstand ausschneiden. Ein langes Stück dünnes Garn in die Nadel fädeln, durch ein Blatt stechen und den Faden zusammen knoten. Mit einem Reißnagel an der Decke, z. B. über dem Esstisch aufhängen.

Blätter- Fensterbild

Gepresste bunte Herbstblätter lassen sich zu schönen Bildern arrangieren.

Material:

- bunte Herbstblätter
- angerührter Tapetenkleister

So geht's:
Was kann man aus Blättern kleben? Ein paar Beispiele: Männchen, Igel, Fische und andere Tiere, Girlanden oder ein Muster.
Der Vorteil ist dabei, dass sich Blätter und Tapetenkleister sehr gut mit warmem Wasser abwaschen lassen.

Girlande

Gepresste Blätter werden aufgefädelt.

Material:

- bunte Herbstblätter
- Hagebutten, Eicheln mit Stiel usw.
- Blumendraht

So geht's:
Die Blätter auf den Draht auffädeln, dabei immer wieder dicht zusammen schieben.
Zwischen den Blättern abwechselnd Hagebutten, Eicheln und andere kleine Herbstfrüchte am Draht befestigen.
Die Girlande aufhängen oder auf den Tisch legen.

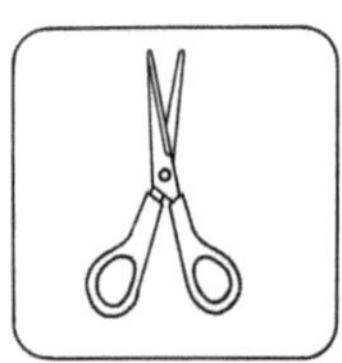

Blätterdruck mit Wasserfarben

Gepresste Herbstblätter eignen sich sehr gut zum Drucken. Dabei wir die Blattstruktur sichtbar.

Material:

- Malkittel
- Gepresste Blätter
- Wasserfarben
- Pinsel
- Malpapier

So geht's:
Die Wasserfarbe recht dick anrühren. Auf die Rückseite eines Blattes streichen. Das Blatt umdrehen und auf das Papier legen. Mit der Hand fest drücken. Das Blatt vorsichtig vom Papier lösen.
Auf diese Weise entstehen bunte Bilder.
Für Briefpapier ein kleines Blatt in eine Ecke drucken.

Baum mit gedruckten Blättern

Ein fröhliches Bild für die Wand

Material:

- Malkittel
- Malpapier
- Wasserfarben
- Pinsel
- mehrere Flaschenkorken

So geht's:
Den Stamm, die Äste und die Zweige eines Baumes mit Wasserfarben malen. Trocknen lassen.
Die glatten Flächen der Korken mit den typischen Herbstfarben bestreichen und als Blätter auf den Baum drucken.

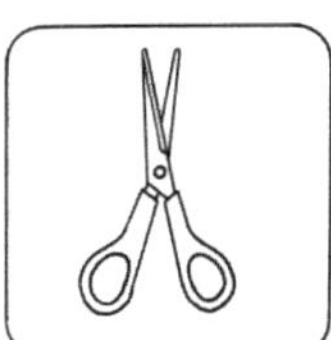

Windlicht mit Herbstblättern

Oft kann man im Herbst noch draußen sitzen und freut sich über ein kleines Licht.

Material:

- Großes Glas, z.B. von Gurken
- Gepresste Blätter
- Alleskleber
- Bast
- Schere
- Teelicht

So geht's:
Die Blätter auf der Rückseite mit Alleskleber bestreichen und um das Glas kleben. Jeweils so lange festhalten, bis das Blatt etwas fest ist und nicht mehr nach unten rutscht.
Ein paar Stücke Bast abschneiden, oben um das Gurkenglas legen und festknoten. Eventuell ein besonders schönes Herbstblatt in den Knoten stecken. Ein Teelicht hinein stellen.

Blätterigel

Ein bunter Igel mit Blätterstacheln.

Material:

- Tonpapierrest in braun
- Bleistift
- Schere
- Gepresste Blätter
- Alleskleber
- Holzstift

So geht's:
Die Kontur eines Igels auf das Tonpapier zeichnen. Die Blätter jeweils mit den Spitzen nach oben bis über den Körper hinaus aufkleben. Das Auge aufmalen.

Ernte-Tanzlied

Text: Elke Bräunling, Musik: Stephen Janetzko; CD "Der Herbst ist da - Die 25 schönsten Herbstlieder"

2. Die Sonne hat sich angestrengt.
Sie hat mit warmen Strahlen nun
im Baum die Birnen wach geküsst
und für uns gibt es viel zu tun:
Birnenzeit, Erntezeit.
Für die Ernte sind bereit
große, kleine Leute.
Birnenzeit, Erntezeit.
Endlich ist es dann soweit.
Kommt zur Ernte heute!

Refrain:
So wollen wir heute fröhlich sein
und laden euch zum Tanze ein
um den Birnenbaum. Juchhei!
Dideldumdum und dideldumdei,
Rundherum und eins, zwei, drei,
Dideldumdum und dideldumdei.

3. Die Sonne hat sich angestrengt.
Sie hat mit warmen Strahlen nun
im Baum die Pflaumen wach geküsst
und für uns gibt es viel zu tun:
Pflaumenzeit, Erntezeit.
Für die Ernte sind bereit
große, kleine Leute.
Pflaumenzeit, Erntezeit.
Endlich ist es dann soweit.
Kommt zur Ernte heute!

Refrain:
So wollen wir heute fröhlich sein
und laden euch zum Tanze ein
um den Pflaumenbaum. Juchhei!
Dideldumdum und dideldumdei,
Rundherum und eins, zwei, drei,
Dideldumdum und dideldumdei.

Hinweis: Weitere Verse durch weitere Früchte beliebig ersetzen, z.B. Kirschen, Zwetschgen, Marillen, Nüsse u.a.

Bild zum Ernte- Tanzlied

Ein Bild in Material- Mix.

Material:

- Tonkarton als Untergrund
- Tonpapierrest
- Wollreste
- Klebestift
- kleine Schüssel
- Zeitungspapier
- angerührter Tapetenkleister
- Flüssigfarbe
- Pinsel
- gelbes Krepppapier
- Filzstifte

So geht's:
Einen Baum ausschneiden und auf den Tonkarton kleben.
Von der Wolle ein Stückchen abschneiden. Auseinander drehen und in feine Fasern zupfen. Als kleine Knäuel z. B. als Äpfel oder Blätter aufkleben.
Die Sonne in 3D- Optik:
Die kleine Schüssel umdrehen. In mehreren Schichten mit Zeitungspapierschnipseln bekleben und trocknen lassen. Die Papierschicht von der Schüssel lösen. Mit gelber Flüssigfarbe bemalen und trocknen lassen.
Auf das Bild kleben. Von der Krepppapierrolle ein Stück abschneiden und auseinander rollen. Stücke schneiden und als Strahlen an die Sonne kleben.
Die tanzenden Kinder mit Filzstiften dazu malen.
Auf diese Weise kann für jede Strophe ein Bild entstehen: mit Apfelbaum, Birnbaum und Pflaumenbaum.

Instrumente herstellen

Singen und Tanzen macht noch viel mehr Spaß, wenn es mit Instrumenten begleitet wird. Schon kleine Kinder können eine Rassel schütteln oder einen Gong anschlagen.

Gong

Material:

- Deckel einer großen Marmeladedose
- Hammer
- Nagel
- Band

So geht's:
Mit Hammer und Nagel ein Loch in den Deckel schlagen. Das Band zum Aufhängen durchziehen. Wenn man den Gong am Band festhält und mit dem Schlegel darauf schlägt, erklingt ein kräftiger Ton.

Kleine Schlegel

Material:

- 2 Schaschlikspieße oder gerade Stöckchen
- 2 Holzkugeln mit Loch
- Holzleim

So geht's:
Die Holzperlen an den Stöckchen ankleben und trocknen lassen.

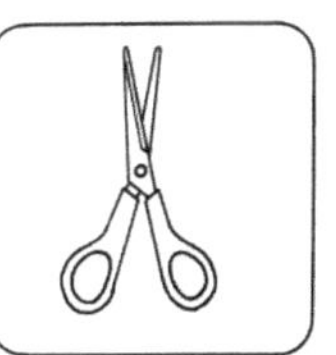

Rassel aus einer Glühbirne

Wer Glück hat, findet noch eine Glühbirne, die er zu einem leisen Schüttelinstrument verarbeiten kann.

Material:

- Malkittel
- Zeitungspapier
- 1 Glühbirne
- Tapetenkleister
- Seidenpapier
- Klarlack

So geht's:
Den Malkittel anziehen und den Arbeitstisch mit Zeitungen abdecken.
Die Glühbirne vorsichtig mit Zeitungspapierstückchen bekleben. Es sind mehrere Lagen erforderlich!
Am Schluss mit Seidenpapier bekleben (Vorsicht: es färbt ab). Trocknen lassen.
Ringsum mit Klarlack bestreichen.
Nach dem Trocknen wird die Rassel einmal kräftig auf die Tischkante geschlagen. Das Glas zerbricht und man hört beim Schütteln einen leisen Ton.

Rasselbecher

Material:

- verschiedene Kunststoffbecher von Joghurt, Milch usw.
- Schere
- Klebstoff
- Karton
- Bleistift
- Stoffreste
- zum Füllen: kleine Steinchen, Nussschalen, Reis, getrocknete Erbsen o. Ä.

Einen Becher mit der offenen Seite auf den Karton setzten, den Becherrand mit Bleistift nachzeichnen und ausschneiden.
Den Becher mit einer Sorte Rasselmaterial füllen, den Deckel aufkleben, gut trocknen lassen.
Dann den Becher auf ein Stückchen Stoff setzen, das so groß ist, dass der Stoff nach oben genommen und mit Wolle zusammengebunden werden kann. Sehr fest umwickeln! Jetzt kann der Becher auch von einem kleinen Kind geschüttelt werden.

Herbstimpressionen

Hagebutten

Tau im Gras

Christa Baumann

Christa Baumann ist Erzieherin, verheiratet und hat zwei Söhne.
Sie steht seit vielen Jahren in der Krippen-, Kindergarten- und Sprachheilkindergartenarbeit.
2005 erschien ihr erstes Buch „Kommt mit ins Mittelalter".
Dem folgten Bücher zu verschiedenen Themen und unterschiedlichen Schwerpunkten für Erzieherinnen und Eltern.

Stephen Janetzko

Mit einer 20-minütigen MC „Der Seebär" fing alles an, heute sind es weit über 600 Kinderlieder, die der gebürtige Hagener Liedermacher bereits auf über 50 CDs und in zahllosen Liedsammlungen veröffentlicht hat. Viele davon, wie „Hallo und guten Morgen", „Wir wollen uns begrüßen", „Augen Ohren Nase", „Das Lied von der Raupe Nimmersatt", „Hand in Hand" oder „In meiner Bi-Ba-Badewanne", werden heute gesungen in Kindergärten, Schulen und überall, wo Kinder sind.

Bereits erschienen von Christa Baumann (u.a.):

Indianer - Das große Lieder-Geschichten-Spiele-Bastelbuch.
Singen, reiten, kochen, erzählen, tanzen, feiern, trommeln und kreativ sein mit vielen tollen und einfachen Indianer-Aktionen für Kinder
Mit vielen Liedern von Stephen Janetzko und Geschichten von Rolf Krenzer
Verlag Stephen Janetzko, Erlangen 2015
ISBN 978-3-95722-060-8

Weiße Flocken überall- Das Lieder- Spiele- Mitmach-Buch für Winter und Schnee: 15 Lieder, Kreativideen, ein Geburtstags- Jahreskalender, Spiele im Schnee, Rezepte und Experimente für die Zeit der Schneemänner und Schneeflocken
Verlag Stephen Janetzko, Erlangen 2014
978-3-95722-075-2

Weihnachtsfeier und Krippenspiel - Das Lieder- Spiele- Mitmach- Buch für die Zeit kurz vor Heiligabend: 15 Lieder, weihnachtlich Kreatives, Spielideen, Experimente und Rezepte rund um die Weihnachtsgeschichte und die Heilige Nacht.
Verlag Stephen Janetzko, Erlangen 2014
978-3-95722-074-5

Der Advent ist da - Das Lieder- Spiele- Mitmach- Buch für die Kerzenzeit: 15 Lieder, Kreatives, Ideen, Experimente, Rezepte und tolle Mitmach-Aktionen rund um Kerzen, Engel, Sterne und Adventskalender
Verlag Stephen Janetzko, Erlangen 2014
ISBN 978-3-95722-073-8

Nikolaus - Das Lieder- Spiele- Mitmach- Buch für den 6. Dezember: 15 Lieder rund um den Nikolaustag, Kreatives, Ideen für die Nikolausfeier, Rezepte, Nikolauslegenden und tolle Mitmach-Aktionen
Verlag Stephen Janetzko, Erlangen 2014
ISBN 978-3-95722-072-1

Und wieder brennt die Kerze - Das große Mitmach-Buch für Advent und Weihnachten: Mit 25 einfachen Liedern, Kreativideen, Rezepten, Geschichten und tollen Winter-Aktionen
Verlag Stephen Janetzko, Erlangen 2014
ISBN 978-3-95722-068-4

Ein bisschen so wie Martin - Das große Kindergarten-Buch für Herbst und Sankt Martin: Mit 25 bekannten und neuen Liedern fürs Laternenfest, vielen Geschichten von Elke Bräunling und tollen Herbst-Aktionen
Verlag Stephen Janetzko, Erlangen 2014
ISBN 978-3-95722-064-6

Mit Ritualen durch den Tag, Ideen und Spiele für die Praxis mit Kindern von O bis 3 Jahren
Hase und Igel Verlag, Garching 2014
ISBN 978-3-8676-0898-5

Winterzeit im Kindergarten
Mellinger Verlag, Edition Dreieck, Stuttgart 2013
ISBN 978-3-8806-9766-9

Mein Jahr in Gottes schöner Welt: Bastelideen, Lieder, Spiele und Geschichten für jede Jahreszeit
Neukirchener Verlagshaus, Neukirchen-Vluyn 2013
ISBN 978-3-7615-6007-5

Blitzschnelle Ideen für den Stuhlkreis: Über 140 Fingerspiele, Lieder, Bewegungsimpulse, Klanggeschichten, Rätsel und Fantasiereisen als Pausenfüller, Morgenritual und Abschluss, Ökotopia Verlag, Münster 2013
ISBN 978-3-86702-209-5 (zweite Auflage ebenfalls 2013, dritte Auflage 2014)

Engeladvent im Kindergarten - Die schönsten Ideen zum Spielen, Basteln und Musik machen, Don Bosco Medien, München 2010
ISBN 978-3-7698-1841-3
(erschienen auch in portugiesischer Sprache)

Kommt mit nach draußen! Vielfalt im Außenspiel, Dreieck Verlag, Wiltingen 2010
ISBN 978-3-929394-55-9

Spuren des Glaubens legen: Rituale im Familienalltag
Neukirchener Verlagshaus, Neukirchen-Vluyn 2010
ISBN: 978-3-7615-5757-0

Jesus, Bartimäus, Zachäus & Co: 12 Gestaltungsentwürfe zu biblischen Geschichten
Neukirchener Verlagshaus, Neukirchen-Vluyn 2009
ISBN 978-3-7975-0212-4

DIE CD ZUM BUCH

Stephen Janetzko:
CD Früchte Früchte Früchte - Das Früchte-ABC & 22 weitere leckere Lieder rund um Früchte, Kräuter, Nüsse, Gemüse, Bio-Essen, Rohkost, Natur, Tiere und starke Kinder. Lieder von & mit Stephen Janetzko.

Über die CD: Schon das farbenfrohe Cover dieser CD von Stephen Janetzko macht Lust auf mehr. Der lustige Junge, der mit der Banane tanzt, umgeben von lachenden Früchten, animiert doppelt zum Reinhören und Mitmachen. Mit dem ***„Früchte-ABC"*** geht es sogleich spritzig los. Auf spielerische Weise wird Kindern das ABC vermittelt, sowie das Wissen über Nahrungsmittel, die viele sicherlich noch nicht kannten. Weitere 22 leckere Lieder rund um Obst, Kräuter, Gemüse, Nüsse, Rohkost, Bio-Essen, Natur und Tiere begeistern bestimmt nicht nur kleine Genießer. Toll z.B. die neue Version von ***„In unserm Bioladen"*** - hm lecker! Mit Texten von Brigitte Rondholz, Christian Morgenstern, Rolf Krenzer u.v.a. - produziert u.a. von Taato Gomez, Arne Ghosh!

Extra: Bonusmaterial! Alle Noten, Texte, Gitarrengriffe (einfache Tonarten!), Spielanregungen zu den einzelnen Liedern sind als PDF-Dateien als CD-Extra enthalten ***(plus Bonuslied & Rohkostkuchenrezept!).***

Alterszielgruppe ca. ab 3-10 Jahre, ideal 5-8 Jahre / Spieldauer ca. 1 ¼ Stunden
Bestellnummer 91033-226 - ISBN 978-3-932455-91-9 (EAN: 4032289003997)
INFO & SHOP: **www.kinderliederhits.de**
© SEEBÄR-Musik (Labelcode LC 05037)

Mehr Lieder zum Thema:

Für den Herbst zur Erntedank-Halloween-Laternenzeit:

Stephen Janetzko & Freunde:
CD Der Herbst ist da
- Die 25 schönsten Herbstlieder -
Eine randvolle, kunterbunte Liedersammlung von der Erntezeit über Halloween bis zum Laternenfest.

Inkl.:
Apfel-Rap - Danke für die Früchte - Bunte Blätter (Herbstlied) - Ernte-Tanzlied u.v.a.m.

Alterszielgruppe ca. 2-9 Jahre/ Spieldauer ca. 66:36 min.
Best.-Nr. 91033-286, ISBN 978-3-95722-063-9

INFO & SHOP: **www.kinderliederhits.de**

WEITERE ERSCHIENENE BÜCHER IM VERLAG STEPHEN JANETZKO:

- Kati Breuer & Stephen Janetzko:
Polonäse - Neue Kinderlieder zum Ankommen, Bewegen, Mitmachen, Ausruhen und Tschüs sagen:
Das Liederbuch mit allen Texten, Noten und Gitarrengriffen zum Mitsingen und Mitspielen-
ISBN 978-3-95722-071-4

- Kati Breuer:
Piepmatzlieder - 25 frische Singhits für fröhliche Kinder zum Schaukeln, Trippeln, Stampfen und Zappeln:
Das Liederbuch mit allen Texten, Noten und Gitarrengriffen zum Mitsingen und Mitspielen -
ISBN 978-3-95722-078-3

- Christina Klenz:
Gute Nacht, flüstert die Elfe: Eine zauberhafte Einschlafgeschichte mit Fantasiereise -
ISBN 978-3-95722-077-6

- Stephen Janetzko:
Es schneit, es schneit, es schneit! – Ein Schnee-und-Winter-Lieder-Buch:
Das Liederbuch mit allen Texten, Noten und Gitarrengriffen zum Mitsingen und Mitspielen (Viele neue Schnee-Lieder für Winter und Fasching) -
ISBN 978-3-95722-076-9

- Christa Baumann/Stephen Janetzko:
Und wieder brennt die Kerze - Das große Mitmach-Buch für Advent und Weihnachten:
Mit 25 einfachen Liedern, Kreativideen, Rezepten, Geschichten und tollen Winter-Aktionen -
ISBN 978-3-95722-068-4

- Stephen Janetzko:
Augen Ohren Nase - Neue Mitmach-, Lern- und Spielkreis-Lieder von Stephen Janetzko:
Das Liederbuch mit allen Texten, Noten und Gitarrengriffen zum Mitsingen und Mitspielen -
ISBN 978-3-95722-070-7

- Stephen Janetzko:
Das Licht einer Kerze - Die 25 schönsten Weihnachtslieder:
Das Liederbuch mit allen Texten, Noten und Gitarrengriffen zum Mitsingen und Mitspielen -
ISBN 978-3-95722-067-7

- Stephen Janetzko:
Der Herbst ist da - Die 25 schönsten Herbstlieder:
Das Liederbuch mit allen Texten, Noten und Gitarrengriffen zum Mitsingen und Mitspielen -
ISBN 978-3-95722-065-3

- Christa Baumann/Stephen Janetzko:
Ein bisschen so wie Martin - Das große Kindergarten-Buch für Herbst und Sankt Martin:
Mit 25 bekannten und neuen Liedern fürs Laternenfest, vielen Geschichten und tollen Herbst-Aktionen -
ISBN 978-3-95722-064-6

- Stephen Janetzko:
Sankt Martin ritt durch Schnee und Wind - Die 25 schönsten Laternenlieder:
Das Liederbuch mit allen Texten, Noten und Gitarrengriffen zum Mitsingen und Mitspielen -
ISBN 978-3-95722-061-5

... mehr Info, mehr CDs, mehr Lieder & Noten:
www.kinderliederhits.de

Raum für eigene Notizen:

www.kinderliederhits.de